고희(古稀) 기념 문집
문수전에 오르다

김영숙 지음

문수전에 오르다

🌶 서문

기념 문집을 발간하며

　내 삶의 칠십 년을 노래합니다. 인생의 험한 길에 구세주는 없었고, 오직 실낱같은 나의 희망과 노력만으로 버티어야 했던 인생길 희미한 불빛을 쫓아 허공을 헤매어야 했던 인생.

　다행히도 나의 분신인 아기들을 낳아 온 정열을 바쳐 그 아기들을 바라보며, 희망을 꿈꾸고, 예쁘고 사랑스러운 내 아이들의 재롱과 성장을 보며 밤낮없이 몸이 부서져라 일을 해도 고단한 줄을 모르고, 옆길 한번 바라다볼 사이도 없이 그저 현실의 생활에 충실하며, 칠십 평생을 살았습니다.

　이제는 몸도 마음도 수액 잃은 낙엽 되어 바스락거리는 육신 붙들고 지난날을 회상하며 울고, 웃으며 현실에 만족하며, 아름다운 삶을 노래하듯 내 힘든 삶도 아름다움으로 승화되기를 바라는 마음으로 이 문집을 발간합니다.

♣ 격려사

추억의 곳간에서 오롯한 정서 찾기
― 김영숙 시인 고희 문집 발간에 즈음하여 ―

문학평론가 리 헌 석
사단법인 문학사랑협의회 이사장

1.
   세월은 유수같이 흘러
   검은 머리 반백으로 물드는데

   아직 나는 찬란히
   떠오르는 빛이고 싶습니다.
     - 「석양을 바라보니」 일부

　김영숙 시인은 고희(古稀) 즈음에 석양을 자주 바라보았던가 봅니다. 슬픈 듯 아름다운 노을에 자신의 삶이 파노라마처럼 스쳐 지났던 가 봅니다. 어렸을 때의 모습부터 청년기를 지나고, 바쁘게 사느라 중년기는 건너뛰고, 지나온 길을 되돌아 회상하였던가 봅니다. 반백의 머리에 애상적 정서가 투영되지만, 아직도 '찬란히 떠오르는 빛'이고 싶다는 시인의 간절한 소망이 작품에 담겨 있습니다.

시인은 좋은 작품 창작에 혼신(渾身)의 노력을 다합니다. 이는 시인의 길이고 또한 시인의 운명이기에, 도자기를 빚는 도공처럼, 자신의 심혼(心魂)이 담긴 시를 빚고자 최선을 다합니다. 그 작품이 자신의 마음에 들면 '도공의 초벌구이가 완성된 기쁨'에 젖습니다. 가족과 지인이 '참 좋다!' 공감하면 하늘을 나는 것처럼 기쁠 터이고, 더 많은 사람과 공감대를 형성하면 비룡승운(飛龍乘運)의 경지에 이를 터입니다.

이러한 기대로, 고희를 기념한 문집 『문수전에 오르다』 발간을 진심으로 축하하며, 간난신고(艱難辛苦)를 극복하며 살아온 세월, 그 세월이 빚은 작품을 감상하기로 합니다.

2.
    곱던 얼굴 눈가에
    세월이 그어 놓은 실안개
    속눈썹 내리깔고
    고이 모아 합장한 손

    육자 대명 왕진언
    "옴마니 반메훔"

    미천한 중생
    두터운 업장 벗길 수 없어
    빗물처럼 두 볼 위로
    흘러내리는 눈물
      - 「법당」 전문

김영숙 시인이 2001년에 《오늘의문학》 신인작품상에 응모한 10여 편의 작품을 감상한 바 있습니다. 그중에서 5편이 선정되었는데, 긴 호흡의 작품들 중에서 간명한 작품 1편이 바로 「법당」입니다.

　이 작품의 핵심 제재(題材)를 담은 단락은 5행과 6행의 〈육자 대명왕진언/ 옴마니 반메훔〉입니다. 즉 여섯 자로 되어 있는 진언 중의 진언인 바, 〈옴(우주의 근원적인 소리) 마니(마니주와 같이 보배로운 구슬) 반메(붉은 연꽃) 훔(성스러운 소리)〉으로 분석되지만, 하나로 붙여서 주문처럼 외거나, 의미를 살려 띄어 외어도 무관합니다. 불자들이 '나무아미타불' '관세음보살' 등을 외거나 '할' 하듯이 자신도 모르게 입 밖으로 내놓는 탄성(歎聲)이기 때문입니다.

　김영숙 시인은 불교 신자이기 때문에 자연스럽게 불교 관련 언어를 시 창작에 활용합니다. 그리하여 시의 품격을 높이기도 하고, 진실을 추구하며 마음을 비우는 자세로 허정지심(虛靜之心)을 지향합니다. 또한 시인은 불심과 함께 추억의 곳간에서 오롯한 정서를 찾아 아름다운 작품을 빚습니다.

> 토담 옆 허물어져 가는 헛간 구석에선
> 늘상 절구 소리가 들립니다
> 까끄러운 보리 한입 가득
> 누런 나락 한입 가득
> 쉴 새 없이 내리찧고 있습니다
> 　-「절구」 일부

　김영숙 시인은 허물어져 가는 헛간의 구석에 있는 절구를 서정적 중심에 세웁니다. 반세기 넘는 세월, 할머니와 어머니께서 '쪽진 하얀 머리'로 '한의 노래'를 부르면서 절구질하던 모습을 회상합니다. 문명의 파도에 밀려 세간의 관심에서 멀어진 절구지만, 그의 귀에는 허물어져 가는 토담 옆에서 쉴 새 없이 내리찧는 절구 소리가 환청(幻聽)으로 남아있는가 봅니다.

　이처럼 들리지 않는 절구 소리를 재생하면서 시인은 「여름밤 엽서」에서 아버지의 사랑을 다시금 되살리고, 「어머니의 미나리꽝」에서 어머니의 사랑을 되살리면서 부재(不在)를 안타까워합니다. 특히 시 「법당」에서는 두터운 업장을 벗길 수 없어 눈물 흘리는 서정적 자아를 형상화하고 있어, 아름다운 서정을 되살리는 시인으로 거듭나리라 기대하여 등단 작품으로 선정하고, 심사평을 작성한 바 있습니다.

3.
　　친구들의 안부가 그리워지면
　　형제들의 웃음소리가
　　귓전을 울리면

　　소리 없이 다가서는 바람처럼
　　세월의 시계바늘을 되돌려
　　바람의 시속으로
　　호숫가에 발을 딛고 섭니다
　　　- 「대청호수 1」 일부

　김영숙 시인은 등단한 후 창작에 열중하여 2015년에 첫 시집 『별똥 떨어지는 밤이 그립다』를 발간하여 시인으로서의 면모를 일신합니다. 대청호 건설로 사라진 고향에 대한 그리움, 별세하신 할머니 어머니 아버지에 대한 그리움, 그리고 세상을 살아내면서 비롯되는 정서적 객체에 대한 작품들이 그의 내면을 오롯하게 반영하고 있습니다.

김영숙 시인은 「대청호수 1」에서 〈유년의 첫사랑/ 흠뻑 머금은 대청호수/ 내 그리움의 호수〉라고 은유하고 있습니다. 어린 시절의 추억을 남긴 채 고향은 호수에 잠기어 〈옛 동무들의/ 웃음으로 가득한/ 호수의 얼굴〉을 처연하게 수용합니다. 「대청호수 2」에서는 〈뒤틀린 심사/ 울적한 마음/ 한껏 풀어내고 싶을 때면/ 그곳에 간다〉고 합니다. 여기에서 '그곳'은 바로 고향이 수몰된 대청호수일 터이며, '그곳'은 〈고단한 일상 내려놓고/ 마음껏 소리쳐 보기도 하고/ 유년을 회상하며/ 미소 머금어〉 보는 정서적 요람의 성격을 띱니다.

시인은 작품 「어머니」에서 〈잿빛 하늘에서 하이얀 떡가루가/ 솔솔 내려오니 당신은 기별도 없이/ 찾아오셨네요/ 부엉새 우는 겨울밤/ 질화로에 군밤 가득 묻어 놓으시고/ 가마니틀 앞에서 바늘대질 하시는 모습〉을 회상하며 사모곡(思母曲)을 짓습니다. 「아버님의 기일」에서 〈높다랗게 쌓아 올렸던 아버님의 봉분도/ 세월의 무게를 이기지 못하고/ 많이도 이그러져 있네요/ 어디서 날아왔는지 냉이 씨앗들이/ 터를 잡고 돋아올라 봉분〉을 덮어 버려 그 풀들을 뽑으며 안타까운 사부가(思父歌)를 짓습니다. 부모님을 비롯하여 가족들에 대한 그리움이 첫 시집의 정서적 중심을 이루고 있습니다.

군에 있는 아들이 월급을 모아 엄마 생일 선물로
옷 한 벌을 선물한 것이었다

순간 가슴이 진동하면서

눈가에 이슬이 촉촉이 맺히었다
- 「아들의 선물」 일부

　김영숙 시인의 첫 시집을 감상하다 보면 아들 때문에 울고 웃어야 했던 에피소드가 여러 편 나옵니다. 친정어머니 산소에 성묘하면서, 아들을 낳아 잘 성장시켰다고 당당하게 말씀드리고, 그 아들이 공무원으로 근무하고 있다며 자랑합니다. 아들을 낳지 못해 마음 졸이던 시절을 회상하면서, 아들과 함께 친정어머니에게 성묘하니 가슴이 뿌듯하였을 터입니다.
　앞의 작품은 잘 성장하여 군에 있는 아들이 어머니의 옷을 사 온 에피소드입니다. 군에서 휴가 나오기 전에 <엄마!/ 허리 사이즈 얼마예요?> 뜬금없는 아들의 전화였는데, 일터에서 집에 돌아오니 아들의 선물이 도착해 있을 때의 감격을 담아내고 있습니다. 「아들의 휴가」에서도 어여쁜 아들의 옛 모습이 눈앞에서 너울너울 춤을 추는데, <그동안의 시름 시원스레 쓸어가> 버릴 만큼 반가웠음을 노래합니다.

4.
곧 염불이 시작된다
솟구치는 석천의 청량한 물소리
스님의 청아한 염불 소리, 목탁 소리
뒷전에 남기고 발길 돌린다

살갗에 스치는 차디찬 바람은
해묵은 탐심을 씻으며 간다.
- 「반야사 문수전에 오르다」 일부

김영숙 시인은 2015년에 첫 시집을 발간한 후, 틈틈이 창작한 시와 수필을 모아 2024년 고희를 맞아 기념 문집 『문수전에 오르다』를 발간합니다. 이 문집에 수록된 작품이 바로 「반야사 문수전에 오르다」이며, 이 작품을 통하여 세상의 희로애락(喜怒哀樂)은 물론 탐심을 비롯한 삶의 업장을 씻고자 하는 마음이 정갈하게 자리 잡고 있습니다.

　　시인은 이른 봄비가 내리는 3월 3일에 기도 정진하기 위하여 반야사 문수전에 올랐던가 봅니다. 안개 자욱한 산길을 가르며, 아직 낙엽들이 잠자고 있는 돌계단, 숨을 몰아쉬며 올랐던가 봅니다. 유유히 흐르는 석천(돌 시내), 앞산의 절경에 시야를 빼앗기며 '나비처럼 살포시 자리한 천 길 벼랑 위 문수전'에 이르렀던가 봅니다. 칠순을 맞은 시인의 다리는 부들부들 떨리는데, 720년이나 된 전각의 나무문을 열고 〈이 못난 중생 두터운 업장 소멸하게 해 주소서〉 기도하였던가 봅니다. 고뇌의 답이라도 하듯 건장하고 인물 출중한 스님 한 분이 바랑을 메고 들어오셔서 좌정한 후, 염불하는 소리와 목탁 소리에 〈해묵은 탐심〉을 씻으며 산사를 내려왔다는 에피소드가 이 작품의 중심을 이룹니다.

　　이와 같은 시심을 감상하면서, 이제 고희(古稀)에 이르렀으니, 앞으로 산수(傘壽, 80세)와 졸수(卒壽, 90세)를 넘어 건강한 심신(心身)으로 자녀들과 함께 행복하기를 기원합니다. 맑고 정갈한 시심으로 좋은 작품 많이 빚으리라 기대합니다. 시인 등단을 도운 인연, 따님의 혼사에서 주례를 맡았던 인연으로 김영숙 시인의 고희 문집 『문수전에 오르다』 발간을 진심으로 축하합니다.

목차

서문_기념 문집을 발간하며 • 05
격려사_리헌석 문학평론가 • 07

제1부 시

석양을 바라보니 • 23
44년의 체취를 버리며 • 24
그곳에 가고 싶다 • 26
반야사 문수전에 오르다 • 28
코로나19(1) • 30
노인의 하루 • 31
초평호 • 32
진천 농다리 • 33
송강 정철 유적을 찾아 • 34
송강 묘소 앞에서 • 35
배부른 것이 미안하다 • 36
이른 아침 • 37
오마이갤러리 • 38
명성황후 생가 • 40
천리포수목원 • 42
신륵사 • 43
명성황후 기념관 • 44

잡초 • 45
걸어서 화장터로 간 사람들 • 46
씨알 하나 • 48
목화(木花) • 49
남편의 미소 • 50
옥수수를 보면 • 52
별을 먹던 소녀 • 53
벚꽃 • 54
고향 길가 개나리 • 55
세월의 풍광(風光) • 56
독버섯 • 57
염원 • 58
고정 관념 • 59
서글픈 기억의 편린 • 60
겨울의 문턱에서 • 62
봄 한 줌 • 63
부자의 품격 • 64
생가 고택을 찾다 • 66
늙으면 아이가 되나 보다 • 68
벌써 오는 봄 • 70
껍데기 인생 • 71
장대비 • 72
도라지꽃의 향연 • 73

약수터 풍경 • 74
세상에는 쓸모없는 것이 없다 • 75
사람의 인심이다 • 76
오른쪽 날개가 탈골되다 • 77
살인 더위 • 78
어제오늘 그리고 내일 • 79
코로나19(2) • 80
둥지 • 81
어느 곳으로 가야 하나 • 82
얼음판 같은 나날 • 83
잡초 같은 인생으로 • 84
부모도 하나의 인간일 뿐이다 • 85
계족산을 오르다 • 86
금동미륵대불 • 88
매미 소리 • 89
모정 • 90
식도염 • 91
안동 역사(驛舍) • 92
도산서당(陶山書堂) • 93
하회마을 • 94
전교당(典敎堂) • 95
고향 • 96
능소화 • 97

아들의 선물 • 98

시간을 잃어버린 마을 • 99

채만식을 만나다 • 100

단비 • 101

나이를 잊은 게야 • 102

탐심을 버리자 • 103

독도 • 104

머루 포도 이야기 • 105

나 • 106

외로움 • 107

미가원 • 108

잡념 • 109

바가지 샘가에서 • 110

첫눈 • 111

봉선화 • 112

고무신 한 짝 • 113

아가의 노래 • 114

코스모스 • 115

바다가 아파요 • 116

옥수수를 먹으며 • 117

강아지풀 • 118

대청호 • 119

봄 가뭄 • 120

콩들의 이야기 • 121

햇살을 등에 지고 • 122

취나무꽃 • 123

드릴 수 없는 카네이션 • 124

목련 • 125

제2부 수필

트라우마 : 퓰리처상 사진전을 다녀오다 • 129

추억 여행을 하다 • 132

2023년 여름휴가 • 137

2021년 8월 오늘 • 144

무주구천동 계곡을 오르며 • 146

속리산 문장대 산행 • 149

여름휴가 • 152

한산도를 다녀오다 • 158

군산으로의 여행 • 163

팔공산 갓바위 산행 • 167

치매 • 171

'군함도'라는 영화를 보다 • 173

신륵사를 다녀오다 • 175

안동 역사 속으로 • 178

속리산 법주사로의 여행 • 182
부모님 전 상서 • 188
생거진천을 찾아서 • 190
나눔 • 193
시의 향기 찾으러 가요 • 195
계족산성 산행 • 200
미당시문학관 기행 • 204
친정아버지 기제일 • 208
사랑하는 아들에게 • 210
유년으로의 여행 • 213
믿기 어려운 현실들 • 219
불속에 이십삼 년을 • 222
회갑연 • 225

문수전에 오르다 ─────────────────────────

제1부

시

석양을 바라보니

석양을 바라보니
지난 칠십 년의 세월이
스크린의 영화처럼
스쳐갑니다

티 없이 맑은 눈동자
맨발에 검정 고무신
망아지인 양 산과 들에
뛰어놀던 소녀 얼굴 아련하고

순수한 산골 아가씨
도회지에 직장 찾아 나와
밤낮없이 일하던 여린 몸
힘겨움에 지친 얼굴도
너의 아름다움 속에서 웃고 있네

줄줄이 자손 낳아 기르며
시할머니 시집살이 눈물방울
집안 대소사에 허리는 휘고
세월은 유수같이 흘러
검은 머리 반백으로 물드는데

아직 나는 찬란히
떠오르는 빛이고 싶습니다.

44년의 체취를 버리며

목화밭의 하얀 목화솜이
어머니의 미소 머금은 얼굴로
내려다보고 계신다
사랑하는 맏딸 시집보내신다고
백 리 길 걸어 목화밭을 찾아
하얀 목화솜을 그
나무껍질 같은 손으로 사 오시어
직접 솜틀집에서 틀어
폭신폭신한 혼수 이불을 준비하셨던 어머니
사위와 꼭 안고 자라 하시며
혼수 이불은 너무 커도 안 된다고
농담 건네시던 어머니
손자 손녀들의 오물을 싫다 하지 않았던
어머니의 정성 목화솜 이불
44년을 너와 같이 희로애락을 같이하다 보니
너도나도 청춘이 다 가버렸구나!
너의 따스함도 내 끓는 청춘의 피와 함께
허공 속으로 증발해 버리고
내 뼛속같이 차디찬 냉기만 흐르는구나!
44년을 나를 위해 고생했다
나의 서러움과 고단함과 즐거움과 행복함과 함께 손을 잡았던 너
'참 고마웠다. 이제는 너를 보내야 한다.'

종량제 봉투에 어머니를 감싸는 마음으로
고이고이 접어 넣어 너를 보낸다
모든 세상만사는 만나면 헤어지는 것이 자연의 순리라 한다
'너와 나도 이제는 헤어지는구나!'
'하늘나라에서 보고 계시는 어머니!'
'어머니의 체취가 묻은 이 솜이불을 버려도 어머니의 마음만은 버리지 않겠습니다.'
'어머니의 사랑을 더욱더 뼛속 깊게 간직하겠습니다.'
'어머니….'

그곳에 가고 싶다

눈 내리는 밤이면
그곳*에 가고 싶다

하이얀 솜이불 덮인 초가지붕 처마 끝엔
내 키만 한 고드름 키 자랑하고
저녁상 일찍 물리신 아버지는
커다란 떡메로 볏짚단 흠씬 두들겨
가마니틀 앞에 앉으셨지요

엄마는 바늘대질
아버지는 바디질
반딧불 같은 호롱불은 가물가물
어린 동생 볏단 위에 뒹굴며 깔깔거리고
뒷산 바위 집 부엉새는 부엉부엉
질화로에 가득 묻어놓은 밤고구마 내음
온 방안에 가득한 밤

지금 그곳은 자취 없고
내 어린 시절
온 집을 흔드는 아버지 떡메 소리
어머니 바늘대 소리
뒷산 부엉이 울음

질화로에 밤고구마 익는 냄새 나지 않는
물고기의 무도장이 되어 버린
꿈에서나 갈 수 있는 곳

거기, 그곳에 가고 싶다.

* 그곳 : 대청호 수몰지구가 된 곳.

반야사 문수전에 오르다

3월 3일의 이른 봄비는 내리고
반야사 기도에 나선다
안개 자욱한 산길을 가른다

낙엽들도 아직 잠자고 있는 돌계단
숨 몰아쉬며 오른다
유유히 흐르는 석천
앞산의 절경에 시야를 빼앗기며
나비처럼 살포시 자리한 천 길 벼랑 위
문수전에 이른다

칠순의 힘 빠진 종아리는 부들부들
720년을 담은 나무문을 연다
힘껏 지고 온 백미
부처님 전에 올리고
다소곳이 앉아 가부좌를 한다

'이 못난 중생 두터운 업장 소멸하게 해 주소서'

고뇌의 기도 올리니 기도의 답이라도 하듯
건장하고 인물 출중한 스님 한 분이
바랑을 메고 들어오신다

내 집인 양 승복을 하나둘 벗어 걸어 놓으시고
부처님 전 생수 세 그릇을 올리신다

곧 염불이 시작된다
솟구치는 석천의 청량한 물소리
스님의 청아한 염불 소리, 목탁 소리
뒷전에 남기고 발길 돌린다

살갗에 스치는 차디찬 바람은
해묵은 탐심을 씻으며 간다.

* 반야사 : 충북 영동군 황간면 소재.

코로나19(1)

코로나19로 감금당한
내 일주일의 시간을 보상하라

멈추어 버린 내 일주일의 시간
굳게 닫혀 버려야 했던
내 밥줄 사무실 문

쇠사슬 없이 묶여버린
내 두 발

오염되어 가는 이 대기 속에서
말없이 유명을 달리해야 하는 것들의 비애

보이지도 잡을 수도 없는 그
작은 것들에 의해
지배당하는 무력한 현실들

언제쯤이면
새로운 대기로 순환되어
건강한 숨이
가능할까!

노인의 하루

하루 종일
휠체어에 앉아
무얼 하실까!

저승 꽃길 나비, 벌들과 같이 놀까
아니면 흐르는 금강 물에서 다슬기를 잡으실까

사람 소리가 그리운
철창 없는 감옥의 하루다.

* 충북 옥천군 이원면 윤정리 사시는 할머니.

초평호

청룡이 품은
한반도 지형의
초평호

못다 한 이야기 있어

한반도 지형으로
청룡 품에 안겨

푸르게 푸르게
손 흔들고 있네.

진천 농다리

충북 유형문화유산 제28호
진천군 문백면 구곡리 위치한
미호천의 물 흐름을 이해하며
정교하게 배치된
특수 모양의 돌다리
붉은 돌로써 음양을 배치하여
28수에 따라 28칸으로 지었다고 기록
총길이 약 95미터 사력 암질의 돌을
물고기 비늘처럼 쌓아 올려
교각을 만든 후
긴 상판 석 얹은
다리 위를 걸으며
선조들의 지혜에 감탄의 찬사를 보낸다
선율로 흐르는 물소리 귀 기울이며
8·15 광복절 70주년에 나서는 문학기행
흐르는 땀이 눈으로 들어가 쓰리다.

송강 정철 유적을 찾아

목까지 차오르는 더위에
조선시대 중기 명신이며
시인으로 문과에 장원 급제한
송강 정철의 유적을 찾아 길을 떠났다
광복절 휴일인데
시심을 찾아
흐르는 땀과 더위에 시달려야 했다
임의 체취를 느끼기 위해
송강사에 이르니
향기로운 나무들의 향
코끝에 스며들고
마음은 임이 되어
시심에 젖는다
일행은 설레는 마음으로
송강사 한 바퀴 돌아보고
급경사 진 임의 묘소로 올랐다

묘소 앞에서 두어 번 큰절 올리고
임의 위대한 시성에 찬사를 보냈다.

송강 묘소 앞에서

명당에는 명인이 계시네

바람도 숨을 헐떡이며
오르리라
새들도 쉬며 오르리라
팔월의 굵은 땀은 등줄기로
허벅지로 흘러내린다

관동별곡이 묘소 위에서 쉬고
사미인곡의 충정이 고개를 숙인다
성산별곡이 사계절을 묘소 앞에 그려놓는다
조선시대 최고의 시성님께 큰절 올린다

명당에는 명인이 자리하시네.

배부른 것이 미안하다

배고픈 것이 죄이더냐

겉으로 갈비뼈가 다 드러난
뼈만 앙상한 아이들
영양실조에 힘없이 죽어가는
TV 광고에 매일매일 나오는
아프리카 아이들
이 지구상에 고르지 못한 삶
아이들의 광고를 볼 때면
너무도 미안하다
먹거리가 풍성하여 맛이 없다
투정 부리는 아이들이
사는 나라가 있는가 하면
최소한의 생활조차 되지 않는 나라
아이들이 있다

맛있는 것을 배부르게 먹을 때면
아프리카 아이들한테 미안한 마음
가슴이 저려온다.

이른 아침

된서리 하얗게 내린 이른 아침
마지막 할 말 잊은 은행나무 몇 잎
가을을 놓지 못한 감나무 몇 잎
유년의 내 부모님 미소가
텃밭에서 어른거린다

계절은 말처럼 달려
내 귀밑머리에
하얀 서리를 뿌려 놓았고
유년의 내 아버지
주름진 이마 위에
하얀 머리카락이
눈앞에서 웃고 계셨다

고무신 속의 맨발이
찬 서리에 춥다고 아우성이다
아버지의 굳은 발도
시리다고 아우성쳤을 것이니라.

오마이갤러리

지루한 도심에서 벗어나 한 시간 안에 세계 명작을 감상할 수 있는
충남 태안군 태안읍에 있는 감동, 재미, 추억을 담을 수 있는 곳으로
문학회 회원님들과 함께 오마이갤러리를 찾았다

세계의 명화들을 복제하여 한곳에 모아놓은
국내 최초의 상설 명화 전시장이다
고전 명화로부터 현대미술에 이르기까지
우리에게 친숙한 명화들을 원작과 흡사한 수준의 작품으로
감상할 수 있었으며, 3D 입체 명화, 착시 미술을 보는 순간
놀라움에 황소 같은 눈이 휘둥그레졌다

다빈치의〈최후의 만찬〉, 고흐의〈밤의 카페테라스〉
밀레의〈이삭줍기〉, 르누아르의〈피아노 치는 소녀들〉
클림트의〈키스〉 외 150여 점의 놀라움을 보았다

다빈치의 '모나리자' 밀레의 '이삭줍기'는 친숙한 작품으로
옛 친구를 만난 듯 반가웠고, 클림트의 '키스' 작품은
김기춘 관장님의 해설과 동시에 퀴즈까지 내서
즐겁고 흥미로운 관람이 될 수 있었다

내가 어렸을 때는 상상도 못 했던
미술을 접하니 만감이 교차했다

〉
붓을 들고 잠시 화폭에 화가인 양 그려도 보고
아름다운 인증 샷을 남기기도 했다
수준 높은 문학기행 가슴에 한 아름 보듬고
새털 같은 발걸음 돌렸다.

명성황후 생가

명성황후 생가 앞
황후 닮은 예쁜 표지석 위로
그 영특함과 외로움이 나비 되어 날아오른다

야트막한 뒷산 아래 자리한 생가
경기도 여주시 능현동
그날(1895년 10월 8일 을미사변)의 비통함에
새들도 숨을 죽인다
전형적인 조선 가옥의 모습
경건한 마음으로 살며시 대문턱을 넘는다

명성황후가 8세까지 살았다는 이곳
꽃과 나비 찾아 치맛자락 휘날리며 뛰어다녔을
앞마당, 뒷마당
부엌에는 검은 가마솥이 두어 개 걸려있고
안채로 향해
하인은 만져보지도 못했을 대청마루에 걸터앉아
명성황후 영정을 뒤로하고 인증 샷을 남긴다

별당으로 향하니
명성황후께서 책을 읽고 공부하는
연출된 예쁜 모습이 우리들을 반기고

사랑채 방 베 짜는 여인의 모습에
하늘나라 계신 어머니 생각에 눈시울이 뜨거워진다

행랑채 방 새끼 꼬는 하인의 모습에서
논바닥처럼 갈라졌던
아버지의 손바닥이 눈앞에 아른거린다.

천리포수목원

서해안의 숨은 보석
아름다운 삶의 향기를 남긴
천상의 정원
천리포수목원에 발을 딛는다

형형색색 아름답고 화려한 꽃들의 자태
낯선 이들의 발목을 부여잡아 입맞춤하고
오월의 바닷바람 머금은 해송
넓은 팔 펼쳐 안아주고
천상의 정원수들의 향연
하얀 수국들의 자태 속으로 넋을 놓는다

수종 수목들의 우거진 연못 정원 위
잔잔히 떠 있는 연분홍 수련들의 재잘거림
찌들어 막혔던 혈관들이 시냇물처럼 졸졸 흐른다

정담을 나누노라니
낭새섬 한눈에 들어온다
정자에 올라
철썩이는 바닷소리 안주 삼아 시심에 젖는다.

신륵사

천년고찰 신륵사
일주문 들어서니
고즈넉한 비포장 숲길
석양 등지고 걸음 재촉한다

보물이 보물들을 낳아 보물이 된 곳
오순도순 이야기 나누다 보니
어느 사이
남한강 배경이 압권인
멋진 풍광을 만나는 구룡루에 오른다

유형문화유산 제128호 극락보전
주지 스님의 예불 소리 이끌려 법당에 자리한다
스님의 불경 소리에 가슴의 찌든 때 씻어 내리고
얼굴 들어 부처님 바라보니 빙긋이 미소 띠신다

660년 된 은행나무 가지 사이
관세음보살님을 볼 수 있는 행운을 맞이하고
남한강 뷰를 배경으로 세운
강월헌 정자에 올라 시 한 편 낭송하니
실크인 양 보드라운 강바람 살갗을 어루만진다.

명성황후 기념관

삼복더위에 흐르는 땀 훔치며 여주 명성황후 기념관을 찾았다
명성황후 기념관은 2017년 여주시가 설립한 공립 박물관이다
기념관 앞에서 엄숙히 묵념하고 안내도에 따라 안으로 들어갔다

전시실 입구에서 명성황후 출생부터 시해당할 때까지의
행적이 씌어있는 명성황후 연표가 우리들을 맞이한다

안으로 들어가니 명성황후에 대한 이런저런 사진이 있고
명성황후와 고종황제의 영정, 국장 모습
아직도 칼날이 시퍼런 명성황후 시해도가 전시되어 있었다

임의 영정 앞에 서니
국력이 없어 당해야 했던 그때의 비통함
가슴에선 화가 솟아나고 온몸이 사르르 떨린다

많은 사람이 동원되어 거행된 전시된 국장의 모습
어떠한 호화스러운 국장이라 해도
비통하게 돌아가신 명성황후님의 억울함이
티끌만큼이라도 풀어질 수 있을까

짐승만도 못한 일본인들의 만행
어떠한 추모비와 순국 숭모비를 세워 위로한들 무슨 소용이랴
임은 가고 없는데…

잡초

반기는 이 없는
무대 위를
저 혼자 잘 났다
으스대며 고개를 내민다

사나운 발길에 짓밟히고
상처(傷處) 아물 날 없어도
고개 들어 본다

봐 달라 아우성
하늘 높여 본다
누구 하나
눈길 주지 않는 삶이다

천지를 울리는 한숨 소리
담장을 넘는다.

걸어서 화장터로 간 사람들
- 대구 지하철 참사 희생자를 추모하며

두 눈을 의심해 본다
어찌 이런 일이…
한 사람의 무모한 생각이
수백 명의 고귀한 생명을
순식간에 불더미 속으로 밀어 넣었다

애타게 울부짖는 아내의 마지막 절규
아이들 잘 돌봐 달라는
홀 며느리의 마지막 당부
시신조차 찾을 수 없는 실종
하늘 아래 이런 참사가 또 어디 있으랴

새까만 잿더미로 변한 전동차 안
전쟁으로 폐허가 된
폭탄 터진 현장을 방불케 했다

유가족들의 오열과 탄식은
내 가슴에 바위 되어 내려친다
우리나라 속담에
소문은 사흘만 지나면 잊힌다고 했다
이 지하철 참사는 과연 얼마나
긴 이야기로 남겨질 수 있을까

〉
한 서린 불꽃 속에서
속절없이 뚝뚝 떨어져 간 영혼들이여!
시궁창 같은 세상
미련 두지 말고
극락세계에 편히 안주하시길….

씨알 하나

화분에 씨알 하나
고이 심어
정성을 듬뿍 담아
폭신히 덮어 주었습니다

때를 놓치지 않고
알맞은 양의 물을 주고
햇빛도 쏘여 주었습니다

씨알은 건강히 싹을 틔웠지요
해충들이 달려들세라
시시때때로 들여다보며
정성을 다하였습니다

잎은 무성하게 자라 가지를 치고
꽃망울을 맺어
예쁘디예쁜 꽃 입술을 벌리고
벌·나비
부르고 있네요.

목화(木花)

목화 나무는
조용히 웃고 있었다

문익점 생가에서
이곳 정원 화분에
터를 잡은 지난 사 월 이십팔 일
아지랑이와 입맞춤하고
단잠에 들었지

깨어보니 초록의 세상
친구들의 환한 미소
짓궂은 장대비 속 굳세게 걸었지

파란 하늘
고추잠자리 무도회 여니
한들거리는 꽃잎 사이
실바람 애무하잔다

바닷빛 하늘 아래
노란 꽃 입술
눈 쌓인 겨울밤
아랫목
터 잡을 꿈에 부푼다.

남편의 미소

시뻘건 불덩이가
하루의 짐을 벗어 놓을 때면
언덕 넘어 아파트 창가엔
하나둘 불이 켜진다

잡초들이 허벅지를 휘감는
언덕을 내려와
흙투성이 된 양말을
장독 옆에 툭툭 털어놓고
닭들도 횃대에 오른
닭장에 들어서면
새하얀 알들이 미소를 짓는다

텃밭의 풋고추 몇 개 뚝뚝 썰어
뚝배기에 보글보글 된장을 끓이고
실파 송송, 예쁜 당근으로 고명을 얹은 계란찜
모락모락 김이 오르는 감자 한 접시
식탁 위에 올려놓으면
"와 - 맛있겠다."
아이들의 환호성

〉
미소 머금은 얼굴로
의자에 등 기대고 앉아
넌지시 바라보시며 하시는 말씀

"누가 저리 천사 같은 아이들을 낳았더냐!"

옥수수를 보면

옥수수밭에 서면
어릴 적, 옥수숫대를 꺾어 씹으며
무작정 대전 구경한다고
뽀얗게 먼지 이는 비포장도로를

오빠와 손잡고 걸으면서
가수의 이름도
노래의 가사도 제대로 모르는
유행가를 따라 부르던 생각이 난다

"감자 심고 수수 심는
두메산골 내 고향
못살아도 나는 좋아
외로워도 나는 좋아…"

지금, 다시 오빠더러
대전 구경 가자 하면
그때처럼 손잡고
갈 수 있을까!

별을 먹던 소녀

새까만 눈망울
또르르 굴리며
풀벌레 노랫소리
귓전을 때리는 멍석 위

아버지 무릎베개에 얼굴을 묻고
출렁이는 은하수 강가에서 별을 따먹고
빠알간 석류나무 드리운 돌담 기와집
빚어내던 소녀는

은은한 소나무 향이
콧속에 스며드는 회전의자에서
아름다운 시어를 주워 담으며
탈색되어 가는 머리카락
미소로 세어가면서

사 남매의 든든한 버팀목 되어
먹구름 뒤덮인 세상
별을 따고 달을 따
가슴에 담아주고 있습니다.

벚꽃

연초록 잎들의
숨소리 들리는 황톳길 가
갈색 나무 위에
하이얀 나비들이
무더기로 몰려와
눈 시리게 춤춘다

아직 잔설이
남음 직도 한데
부지런도 하지

아지랑이 손잡고
자기들만의 언어로
노래하며
춤사위 이룬다.

고향 길가 개나리

싱그러운 풀 내음 풍겨오고
쑥부쟁이 미소 짓는 길가
골 깊게 터를 잡고
낭창한 허리 뽐내며
풀섶 포옹한다

아스라이 아득한 날
양은 도시락 쩔렁 소리
검정 고무신 질질 끄는 소리에
귀 쫑긋 세우던 너

문명의 엔진 소리
하이힐의 똑똑 소리에
노란 이빨 드러내고
귀 기울인다

강산이 수없이 바뀐 그 어느 날
내 아들의 아들이 찾아와 거닐어도
오늘처럼, 노란 이빨 드러내어 맞이하겠지.

세월의 풍광(風光)

나의 결혼사진
맨 앞줄에는
빠알간 레이스가 춤추는
원피스 입은
앙증맞은 소녀의
해맑은 미소가 있었습니다

빠알간 원피스
소녀의 결혼식 사진
맨 앞줄에는
내 아들의 건강한 미소가
장안을 환히 밝히네요

건강한 미소의 아들
결혼사진 속에는
건강한 미소를 닮은 미소가
꽃이 되겠지요.

독버섯

갖가지 아름다운
빛깔과 모양으로
유혹하는 독버섯 세상

눈 감아 버리자
귀 막아 버리자

푸른 숲이 우거진
숲속에
향긋한 향이 풍기는
버섯으로 살고 싶다

싱그러운 나목 사이
향긋한 향이 넘쳐나는
버섯들 숲에서….

염원

사십일 년을 옥토에 떼어 심지 못하고
달고 있던 곁가지

옥토에 떼어 심으려고
바로연이란 결혼 정보 회사를 찾았다

이곳저곳 긴 세월
여러 곳을 기웃거려 보았지만
이 흐릿한 눈으로 찾을 길 없어

넓은 바다에 튼실한 낚싯밥 묶어 던져보았다

대어가 낚싯줄에 걸리기를 염원하면서
사르르 떨리는 손에 카드를 내민다.

고정 관념

우리 동네 키다리 청소부 아저씨
여름에는 하이얀 백바지
가을에는 얇은 가죽 잠바

초겨울 접어들자
깃 세운 반코트에
칼날같이 주름 세운 양복바지
반짝반짝 윤이 나는
검정 구두 차림의 우리 동네 청소부

아저씨인지 총각인지
귀에는 항상 블루투스 이어폰을 끼고
공무원 못지않은 옷차림으로
종량제 봉투에 잡쓰레기를 가득 채우고
기다란 빗자루에 쓰레받기를 들고 청소를 한다

이색적인 그 광경에 사진이라도 찍을까 했는데
가까이 쳐다보면 칼날 같은 얼굴에 겁이 난다
볼 때마다 청소부 차림과는 거리가 먼 그….

서글픈 기억의 편린

2023년 8월 21일
땡볕이 내리쬐는 일요일 정오
자승일 불사를 마치고 법당을 나오는데
동료 신도가 옥천 시골 친정집에 가자 한다

동생 시골 땅을 매도하려 하려는데
한번 보고 오자고
친정어머니도 보고 오고
자동차의 출발 시동을 걸었다

초록의 바람을 가슴으로 마시며
눈 잔치, 코 잔치, 입 잔치를 하는 사이
돌고 돌아가는 길 돌아 도착한 곳

닫혔던 동공을 여는 풍경이 눈앞에 펼쳐졌다
내 아이들 유년 시절 뛰놀던 언덕의 풍경
누런 암소가 '음매' 하며 뛰어놀던 곳엔
아무렇게나 널브러진 녹슨 백관 파이프들
주인 없이 어지럽게 뒹굴고

〉
되새김 뒷발질하며 주인 찾던 누렁이들은
어디에서 어느 식물의 자양분으로
살찌우고 있을 터이고
누렁이들의 먹이 주던 어질고 착한 주인은
어느 이름 모를 산골에 백골이 되어 누워 계시리라

세월의 무심함과
세월의 흔적이 교차점을 찍는
그 풍경 앞에 넋을 놓고
하늘 담은 시골 땡볕과 함께
서글픈 바람을
가슴으로 안아 보았다.

겨울의 문턱에서

땡볕이 지겨워
구박을 하는데
가을이 발을 내밀어 기웃거리네

터 잡아 놀려 하는데
겨울이 등짝을 후려쳐
계곡으로 밀어붙이네

헐떡이는 숨으로
가을을 잡으러 가려는데
매서운 겨울이
발목을 잡고 있네.

봄 한 줌

한 줌의 봄을 구순의 노인이 내미신다
봄 햇살 속에 흙의 자양분을 빨아올린
연둣빛 상추 한 줌

몇 번의 허리를 굽혔다 펴
이 한 줌의 상추를 길러냈을까
주름진 손등에 행복의 웃음이 번진다

구순의 연세, 항상 환한 웃음
온갖 빛깔의 조화와 태극기를
자전거에 꽂고 다니시는 할아버지

손수 식사와 일상생활 작은 밭까지
가꾸시어 야채를 나누어 주시는
그 부지런함과 건강한 마음의 여유

'나도 과연 저 나이까지
저렇게 건강하게 마음의 여유를
가질 수 있을까?'
의아한 미소 봄 햇살에 던져본다.

부자의 품격

금산군 추부면 요광리
야트막한 산 초입
어떤 도회지의 고급 아파트와 비길 수 없는
미술관을 방불케 한 품격의 주택

새들도 나비들도 춤추고 한가로이 노닐 수 있는 곳
수종의 봄꽃들이 너울너울 춤사위 이루고
마음 우아한 이들의 대화에
귀 기울여 인사한다

참나무의 불꽃은 활활 타오르고
삼겹살의 고소한 익음은 미각을 불러 깨우고
솜씨 일품인 명인의 맛이 깃든 파김치, 배추김치
아름다운 정원수들의 노래와 어울려 입안의 혀
춤추게 한다

멀리 또는 가까이 최고의 뷰를 조망으로 한 거실
품격의 낭송 소리는 잠자던 요광리 마을 깨우고

마음과 몸을 살찌운 일행들
아름다운 일정 뒤로한 멋진 인증 샷 남기고
자동차의 시동 소리에

정원석 위 무더기로 피어있는 영산홍 자지러지게 웃는다
파란 꽃무늬 장화 신은 집주인의 급하지 않은
품격의 미소 영산홍과 어울려 요광리 마을 붉게 물들인다.

생가 고택을 찾다

팔월의 따가운 햇살에 동의면 석탄리 다녀오다
육영수 여사님의 생가 고택을 찾았다

연못 위에 동동 떠 있는 수련의 아름다움은
육영수 여사님의 자태인 양
그윽한 미소로 우리들 반겨주고

세월의 풍파에 고택의 상기둥들도 낡아져 가고
여사님의 아름다운 미소도, 자태도
국민의 마음에서 아련해지네

처마 밑을 둘러보는데
박정희 대통령께서
여사님의 무덤 앞에서 쓴
"임이 고이 잠든 곳에"란 시화 한 점이
가슴에 눈물방울을 뿌렸다

고택을 돌고 돌아
대청마루에 곱게 앉아 계시는
여사님의 대형 초상화 앞에 서니
여사님은 그 옛날 그 모습인데

여사님을 기억하는 이 마음은
희미한 기억 저편으로 사라져 가고 있음에
아쉬운 마음 가슴이 아려왔다.

늙으면 아이가 되나 보다

저녁 열 시 반 늦은 시간
음식물 쓰레기를 버리려
아파트 1층으로 내려왔는데
나이 드신 어르신이 출입구 앞에서 서성이셨다
한쪽 다리는 절름거리고 한쪽 팔은 구부린 채로

혹시 비번을 잊어서 안으로 못 들어오시나 싶어
문을 열어 드렸는데도 안 들어오시고 서성이셨다

왜일까 의아해질 무렵 나이 드신 부인 한 분이 오셨다
아이가 엄마 기다리다 만난 것처럼
성치 않은 몸을 비틀며 뛰듯이
부인의 뒤를 따라 들어가니
"왜 나와 있어" 화난 듯 퉁명스럽다
"자네가 안 오니 나와 있지."

현관문 앞에 이르니
부인의 다시 한번 화난 목소리
"문도 이렇게 열어 놓고 나오면 어떻게 해."

〉
성치 않은 남편이 기다려 주는 것을
감사하다고 해야 할까?
화가 나는 일일까?
얼른 판단이 서지 않는다.

벌써 오는 봄

햇살 고운 밭두렁
겨울을 밟고 온
뾰쪽 고개 내민 어린 쑥
손에 잘 잡히지 않아
봄이 아직인가 했더니

찬바람은 아직 귓불을 때리는데
SK 아파트 로고 앞
산수화 노랗게 웃는다

덩달아 담장 위 목련들도
버선발로 뛰어나온다

수도산 벚꽃들도 무리지어
파란 하늘 하얗게 물들인다

봄아 넌 벌써 와 버린 게냐?

껍데기 인생

어둠이 내린 밤
거울을 보니
주름살 깊은 내 얼굴에 슬프다
젊음의 내 얼굴은 어디로 가고

빈껍데기로 동동 떠내려가는
우렁이의 엄마가 된 것에
더욱 슬프다

알맹이 굵어진 새끼들은
저마다 저 잘났다고
저 혼자 자란 것처럼
부모의 괴로움은 돌아볼 생각조차
하지 못하는 것에 더욱 슬프다

고대광실에 비단옷을 걸치면 무엇하리
빈껍데기로 허공만 바라보는 것을
보리밥에 나물 넣어 된장으로 비비며
양푼에서 숟가락 부딪치던
그때가 그립구나!

장대비

삼복더위 지나
처서 다가오는데
장대비 기나긴 날 쉬지 않고
억수로 쏟아져

높은 습도 끈적임 시달리는
잠 못 이루는 불쾌지수 높은 밤

주렁주렁 고추나무, 가지 나무
이리 쓰러지고 저리 쓰러지고

설익은 유실수 밭이랑 가득
널브러진 이랑이랑
한숨 쉬며

지긋이 눈 감고
바라보는 농부.

도라지꽃의 향연

하얀 육각모
보라 오각모
화사한 아침 햇살
한입 가득

고운 입 활짝
노란 수술
텃밭 가득 토해놓는다

늦잠 잔 아낙 눈 비비고
고무신 털어
행차하시니
유년의 이야깃주머니
풀어 눈 맞춤한다

실크처럼 보드라운 꽃잎
어머니 품인 듯
달려와 안긴다.

약수터 풍경

나무들 풍성한 파란 잎
선들바람 붙잡아
이마 위에
살포시 얹어 놓은
용천 약수터

사람들 저마다 특급수의 생명수 담고
가을이 문턱에 서성임을 알리느라
귀청이 터져라
노래하는 애달픈 매미들

죽~
늘어선 발들
기다림의 인내를 시험하고
바쁜 사람 적은 물병
양보의 미덕을 베푸는
팔월의 화사한 아침 햇살 인사하는
용운동 용천 약수터는 분주하다.

세상에는 쓸모없는 것이 없다

다 해진 몰골로 떨어져
굴러다니던 낙엽
물속에 잠겨
물고기들의 그늘막이 되어 주고 있다
햇살 따갑게 내리쬐는데
식장산 계곡
물속의 올챙이들
널브러진 나뭇잎 밑으로
몸을 숨긴다
편안한 안방인 양
한가로이 잠을 잔다
쓸모없다 하던 것들도
때에 따라 유용하게 쓰임을 다한다.

사람의 인심이다

배가 고픈 검은 고양이
고물상 앞에서 어슬렁어슬렁

창고 안에서
찐 고구마를 먹으며 나오던
고물상 사장님
흠칫 놀라더니
한 치의 망설임도 없이
"나비야! 너 이거 먹어라."
속살이 노란 고구마를 던져 준다

놀라 달아나던 검은 고양이
다시 돌아온다
흘긋흘긋 눈치를 보며
불안한 자세로
속살 노란 고구마를 냠냠
행복한 옹알이가 나온다

누가 달라 하지 않아도
혼자서는 음식을 먹지 못하는
이것이 바로 사람의 인심이다.

오른쪽 날개가 탈골되다

2020년 11월 21일 평생에 잊을 수 없는 날
순간의 방심은 평생 씻을 수 없는 상처를 남기고
65년을 살면서 한 번도 골절 같은 것은
되어 본 적이 없다
방심의 순간 5개 계단에서 미끄러지면서
오른쪽 어깨가 꺾이면서 탈골되고
뼈 두 조각 깨져 나왔다
아픔의 정도 말을 해서 무엇 하리
65년을 살면서 119구급차 처음 타본다
종합병원 응급실 '이용이용' 소리에
의료진들 긴급히 달려 나온다
CT 촬영에 검사에 어리벙벙
의료진들 의학용어로 사인을 보내고
나를 잠시 잠재운다 한다

잠에서 깨어나니
어깨며 팔은 꽁꽁 동여매어
움직일 수 없게 되었다
순간의 방심이
이렇게 엄청난 일을 만들다니
남편이며 아이들이 모두 달려오고
온 식구 모두 혼쭐이 나갔다.

살인 더위

살인 더위에 휴일을 맞은 아들
시원한 계곡에 가서
발이나 담그고 오자 하여
잘 익은 수박 한 덩이 아이스박스에 넣었다

아장아장 걷던 아기가 성년이 되어
시원스레 자가용의 핸들을 돌리고
백발이 성성한 엄마, 아빠는
초록의 산하에 눈을 떼지 못하고
아들의 유년을 기억에서 꺼내 놓는 사이
수락계곡 주차장에 아들의 자가용은 주차되었다
애달프다 울어대는 매미 소리 울려 퍼지는
수락계곡 시원스레 흘러내리는 물줄기
발가락 사이로 행진하는 물고기들
삼삼오오 물장구치는
가족들의 활짝 웃는 웃음 파티에
살인 더위는 신발 벗고 도망을 간다.

어제 오늘 그리고 내일

오늘도 또 그렇게 살았다
어제와 오늘 그리고 내일도 같은 삶

어제는 슬픔을 가져다준 여인
내일은 어느 누가 무엇을 가져다줄까

다리의 근육이 서서히 풀려 가는 나이
자고 나면 생각지 못한 소식이 들려온다

혈액암, 폐암이란 나쁜 놈이 또 누구를 잡아가고
싹수없는 난소암이란 년이 또 누구를 잡아가고

요즈음 좋은 소식보다 나쁜 소식이 더 많이 내 귓전을 울린다

전 세계를 휩쓰는 인육을 먹는 대식가 코로나19 바이러스란 놈이
나타나서 세계인들을 벌벌 떨게 하고 있다

이놈은 어떻게 달래도 소용이 없다
인정사정없이 사람이라면 그저 달라붙고 본다

사람 사는 세상에서 사람이 무서운 세상이 되어 버렸다
오늘보다 내일이 기대되는 희망적인 삶이어야 하는데
오늘보다 내일이 두려운 날이 된다.

코로나19(2)

잿빛 담장 위 능소화 몇 송이
고개 쏙 내밀어 활짝 웃고 있는데
마스크로 무장한
골목길 오가는 사람들의
웃는 모습은 볼 수가 없네

어찌 입 한번 시원하게 드러내고
하하 호호 웃으며
이웃을 대할 수 없는 세상이 되었을까
안타까운 현실에 그 누구를 원망하리

사람을 만나야 하는 세상에서
사람과 거리를 두어야 하는 세상
초록의 산하로 들어가
초록의 잎들과 대화하며 살아야 하는 걸까.

둥지

더 많이 먹으려고
더 이상 벌릴 수 없을 만큼의
입을 크게 벌린다

어미는 벌린 입을 채워 주려
날개가 꺾이고 발톱이 부서져도
밤낮없이 먹이 찾아 입속에 넣어 준다

깃털이 자라고 날개가 자란 새끼들은
늙은 어미는 아랑곳하지 않고
제 둥지를 만들기 위해
어미의 둥지를 떠났다

허옇게 백발 된 깃털
볼품없이 빠지는
호수에 비치는 자신을 바라보며
새끼들이 모여 살던
빈 둥지를 그리워한다.

어느 곳으로 가야 하나

모임에도 마음 놓고 갈 수 없고
사랑하는 가족들도
마음 놓고 만날 수 없고

맛있는 음식
맛집 마음대로 찾아가서
하하 호호 재잘거릴 수도 없고

애경사 마음 놓고 인사 갈 수도 없고
도대체 무슨 일을 하며
어디로 가야 한단 말이더냐

어디에 가서 어떤 이를 만나고
어떤 음식을 먹으며 살아야 한단 말인가
사람을 만나야 하는 세상에서
사람을 만나지 말라 하니
어찌 이런 세상이 되었을까?

이 세상 우리의 삶이
길을 잃고 표류를 한다.

* 코로나19 때문에 마음대로 할 수 없는 세상에서.

얼음판 같은 나날

폭풍우 속에서 살얼음판을 밟으며
하루를 연다

숨을 쉰다는 것이 이리 어렵다는 것을
느껴 보는 것이 새삼스러운 일은 아니지만
요즘처럼 무서운 일은 처음 겪는 듯
온몸이 옥죄어 온다

언제 깨어질지 모르는
살얼음판을 걸어 본 적 있는가

심장이 멎을 것 같은 한 걸음 한 걸음이다
집 밖을 나서는 것은
전쟁터에 총을 메고 나가는 것이나
다름이 없다

언제 어디서
총알이 날아올지 모르는 순간순간이다
시시각각이 살얼음판이다

세상 사람들이 모두 총알이다.

잡초 같은 인생으로

밟히고 또 밟힌다
길가의 잡초처럼

수많은 사람들의 발에
수없이 밟히는 인생이다

오늘도 또 배신이다
앞에서는 세상에서 제일 정의롭고
가장 정직하고 가장 잘난 체하던 사람이
뒤에서는
거짓말로 사람을 속인다

참으로 안타까운 현실이다
나의 직업이 사람을 상대하는 직업이라
늘 사람한테 실망을 한다

늘
우리에게 희망을 주는 것도 사람이고
실망을 주는 것도 사람들이다

만나서 반가운 것도 사람이고
만나서 무서운 것도 사람이다.

부모도 하나의 인간일 뿐이다

부모도 하나의 인간일 뿐이다
한 인간으로 바라보길 소망한다
자식들이 부모를 바라보는 것은
끊임없이 자기들에게 희생과 사랑을 요구하는 마음이다
부모도 엄마도 이 세상에 태어난 하나의 인간일 뿐이라는 것을
망각하고 있는 것이다
퍼내도 퍼내어도 솟아나는 샘물처럼
주어도, 주어도 끝이 없는 것이 부모가 자식들에게 주어야 할
사랑인가 희생인가
어느 것을 어찌해야 좋은 부모이며 훌륭한 부모인가
끝이 없이 희생만 하는 것이 좋은 부모인가
끝이 없이 훈육만 하는 것이 좋은 부모인가
이러나저러나 자기들의 마음에는 차지 않는 모양이다
부모도 그 옛날에는 누구의 자식이었고, 바라는 것이 있고
하고 싶은 것이 있고, 꿈도 있고, 희망도 있었다
그러나 자식들은 부모가 바라는 것은 아랑곳하지 않는다
그저 자기들의 마음에 드는 부모만 희망한다
그러나 어찌 부모를 선택해서 태어날 수 있을까!
어찌 자식을 선택해서 낳을 수 있을까!
불교에서는 부모에게 선택되는 자식도
전생의 업에 의해 선택되며
자식 또한 어떤 부모를 만나는지는
전생에 자기가 지은 업에 의해 선택된다고 하였다.

계족산을 오르다

미세먼지 가득한
11월 11일 일요일

다섯 명의 공인중개사는
저마다 생기 나는 어투로 재잘대며
단풍 쏟아지는 우정의
계족산 산길을 올랐다

바람에 휘날리는
고운 단풍 머리에 이고
화사한 포즈 추억의 한 장면
스마트폰에 저장하며

계곡의 겨울 부르는 물소리
산허리 농부의 땀 섞인
초록의 무와 배추
항아리에 담기는 소리
목축이고 가라는
약수터의 건강한 소리
귓전에 스친다

〉
산등성이 휘감는 우정의 메아리
계족산 산성길을
걷고 걸어 조상님들의 얼이 새긴
계족산성 위에서
송편 한두 개로 정을 나눈다

미세먼지로 보이지 않는
푸른 대청호의 조망을
그리움으로 남겨놓고
깊어지는 아쉬운 가을
꽃잎 이불 살포시 덮고 있는
대지 위를
우리들은 서걱거리는
추억의 발자국으로 수놓는다.

금동미륵대불

오늘도 변함없이
번쩍이는 왕관을 둘러쓰고
이마에는 크나큰
다이아몬드 반짝거리며

초록의 산허리 우뚝 서서
맑은 공기 호흡하며
인자한 미소로 죄 많은 중생
내려다보고 계시네
40년 전 그때 뵈었던 그 모습
맑고 맑은 그대로

죄업 많은 이 중생
헤매고 헤매며
쌓고 쌓아 더 많은
죄업만 쌓았는데

쌓이고 쌓인 이 죄업
부처님 전에
어느 세월 털어내고 가려나!

* 법주사 금동미륵대불(충북 보은군 속리산면 사내리 209 소재)

매미 소리

가로수에 매미 소리
목청 높이면 하늘나라 계시는
친정어머니 생각이 납니다

살아생전 그 어느 해인가
매미 소리 깊어질 때
큰 딸네 집 찾아오셨지요

아이들 뒷바라지, 집안일
가축 먹이 주기
엉덩이 땅에 붙일 사이 없이
바쁜 큰딸 바라보며
안타까워 혀를 차시던 어머니

바쁘다는 핑계로 식사 한번 제대로
해 드리지 못한 것이 못내 아쉬움으로
가슴을 아리게 합니다

이제는 오시면 맛있는 식사
대접해 드릴 수 있는데
오실 수 없는 곳에 계시는 어머니
그리움에 눈시울만 뜨거워집니다.

모정

이른 봄부터
한시도 거르지 않고
같은 나무에 앉아
셀 수 없이 울어대는
뻐꾸기의 애타는 울음을
들어본 적이 있나요?

남의 둥지 안에
제 알을 낳아 놓고
부화될 때까지
혹시라도 잘못될까 봐
둥지 주위를 맴돌며
울어대는 애달픈 모정

그 울음 속에서
내 어머니의 정을 새삼 느껴 봅니다.

식도염

시계의 시침바늘은 어느새 자정이 넘어
새벽 3시를 향해 달리고
오늘 밤도 죄 없는 조상님을 원망한다
좋은 것을 물려주어야지
예민한 성격에 식탐은 많고
그러면 튼튼한 위장기관을 주시든가
아니면 둥글둥글한 성품을 주시든가
고집스러운 성격에
불의에 화합하지 못하는 성품에
오늘 밤도 나에게 좋지 못한
이놈들이 또 나와
인정사정없이 난동을 부리고 있다

또 무엇이 문제길래
목에 턱 자리하고 앉아
도대체 강한 펀치를 날려도
떠날 줄을 모른다
고집이 아주 대단한 놈인가 보다
저녁 모임에 가서 맛있게 먹고 온 수육이
잠을 자지 않고 되살아나
온 동네를 걸어 다니며 전투를 한다
무엇을 어떻게 해야 이 못된 놈을
영원히 잠재워 버릴 수 있을까.

안동 역사(驛舍)

머릿속에 수없이 되뇌던
열정으로 가고자 했던 곳
안동역

풍선처럼 부푼 마음
달려 도착한 곳
한적한 시골 간이역
새들도 놀다 가는 곳이었네

살갗으로 파고드는
유월의 땀 내음
동구문학회
회원들의 웃음소리

진성의 안동역
노래 가사 속으로
날려 보냈네.

도산서당(陶山書堂)

퇴계 선생이
4년에 걸쳐
몸소 거처하시면서
지으신 걸작품 위에
죽 걸터앉아
해설사의 명해설을 듣는다

담장이 높아져
지금은
시야로
들어오지 않는 시사단
어명으로
도산별곡 특별 과거
보는 모습이
머릿속에 한 폭의
그림으로 다가온다

제자들을 걱정하시며
거처하시던 완락재(翫樂齋)
암서헌 마루에선
선생의 근엄하신 음성이
들리는 듯 귀 기울여 본다.

하회마을

풍산 류씨가
600여 년간 대대로 살아온
터줏대감으로
한국의 미와 전통이
대표적인 동성마을

낙동강이 S자 모양으로
감싸 안고 흐르는 마을
역사 속에서 잘 보존된
기와집과 초가집
하회탈춤으로
남녀노소 새 떼처럼 부르는 곳

선비들의 선유 불꽃놀이
서민들의 별신굿 탈놀이
하회마을 살찌게 하고

그림같이 펼쳐진
높이 6미터의 절벽 부용대
동쪽에 위치한 고택 옥연정사
서쪽에 위치한 정자 겸암정사
아름다운 경관
낙동강의 역사에 젖어본다.

전교당(典敎堂)

도산서원의 중추 역할로
조선 선조 7년(1574) 건립된 대강당
창건된 후
1969년 보수를 거쳐
현재 이르고 있는
앞면 4칸 옆면 2칸의
단층 팔작지붕으로
고품격을 자랑하며 자리한
보물 제210호 단아한 건물
한석봉이 쓴
도산서원이란 편액이
강단 처마 아래에서 빛을 내고
스승과 제자가 함께 모여
학문을 강론하는 모습이
아직도 아른거리는 듯하다.

* 경북 안동시 도산면 소재.

고향

여물 끓이는 새벽
청솔가지 타오르는 정지
철없는 아이들의 웃음소리

희망의 무지개
시야에 펼치는
허리 굽은 아버지의 미소

구멍 뚫린 창호지 문살
살며시 여는
어머니의 피곤한 기지개

비스듬한 황토벽
뒷발로 차고 일어나는
누런 암소의 울음
음매.

능소화

임금님과 하룻밤을 지낸
복숭앗빛 같은 뺨에
자태가 고운 어여쁜 궁녀
소화

높은 담장 위에서
귀를 활짝 나팔처럼 열어
임금님의 발소리라도 들으려
그림자라도 비치지 않을까
담장을 넘어 쳐다보다
담장 밑에서 세상을 뜬
슬픈 여인
전설의 꽃 능소화

지아비 외에는
만지지 못하게 하는 의도였을까
꽃을 만지다 꽃의 충이
눈에 들어가면 실명한다는 무서운 꽃

8월이면 주택가
골목길에서
흐드러지게 피어
담장을 덮는 능소화.

아들의 선물

섭씨 37도를
오르내리는 가마솥더위
불볕에
집안은 온통 찜통이다

옷을 벗는다고
해결점을 찾을 순 없다
잠을 청하기에는
한계점에 도달했다

잠을 이루지 못하는
부모를 위해

명산대천 찾아 기도하여
얻은 외동 막내아들
공무원 출근하여 받은
첫 월급으로
에너지소비효율 1등급
에어컨을 선물로 사 주었다.

* 2016년 7월.

시간을 잃어버린 마을

멈추어 선 시계 앞에서
그날을 회상한다

악랄했던 일본의 식민 지배 착취와 폭압에 황거
전면 대항한 사상 초유의 농민저항운동
슬픈 비문 앞에서 용감하게 투쟁에 참여한
임들의 이름 앞에 숙연히 고개 숙인다

본인의 안위는 저 흐르는 군산 앞바다에 던져 버리고
일제의 수탈에 항거한 옥구농민항일항쟁에 참여한 임들
그날의 슬픈 역사가 우리들을 맞이한다
평상에 앉아 막걸리 한 잔으로 애환을 달래는
애잔한 모습의 사실적인 조형물이 가슴을 울린다

그날 그 역사의 민낯을 드러낸 임피 역사
독립 유공자로 서훈 받은 18인의 애국지사 이름 앞에
옥고를 치른 34인의 항일 투사님의 고귀한 이름을 되뇌어본다

멈추어 서버린 기차에서 철없이 뛰어오르는 아이들은
그날의 슬픈 역사를 아는지! 모르는지!
목 길게 서 있는 솟대 슬픈 역사를 노래한다.

* 2018년 5월 26일 동구문학 기행지 군산시 임피면 술산리 임피 역사에서.

채만식을 만나다

한국 국민이라면
누구나 알 수 있는 작가 채만식

채만식 작가를 만나러
채만식문학관에 갔더니

마음속에 존경하던 채만식은 없고
친일 작가만 있었다

채만식 작가 그의 작품들
레드메이드인생, 치숙, 태평천하, 탁류
일제의 탄압에 굴복한 자신을
반성하는 자전적 소설을 쓴 채만식

바람도 쉬어감 직한
금강 변에 있는 아담한 문학관
회원들의 친일 작가라는
자자한 소리만 귓전을 울린다.

* 전북 군산시 소재.

단비

지상의 모든 만물이 타들어 간다

온열질환 환자가 늘고
사망자까지 발생하고 있다
사상 최고의 폭염에
숨 쉬고 있는 생명체들이
타들어 가는 목을 부여잡고 있을 즈음
메마른 대지 위에 생명수가 뿌려진다

누워 있던 것들이 환호성을 치며 기상한다
살아 있는 것들은 혀를 내밀어
체면 불고하고 타들어 가던 목으로
정신 놓아 생명수를 흡입한다

말아버린 혀는 작열하는 태양을 원망하며
뿌려지는 생명수에 감사하고
살아남은 초록의 친구들에게 승리의 기쁨을 보낸다

사상 최고의 폭염
1907년 대구 관측소 설립 이후
역대 최고 기온 40.4도 기록
살아있는 자체로써 승리이다. (2018년 여름)

나이를 잊은 게야

머리 허연 할머니와 아들이 미장원에 들어섰다
아들도 머리가 희끗희끗 천정에서 비추는 형광등 불빛에
더 번쩍번쩍 빛난다
아들은 처음 와 본 미장원은 아닌 듯
친숙한 말투와 몸동작으로
"우리 엄니 머리가 지저분하니
연예인 오연수처럼 커트 좀 해 줘요." 한다
머리야 아무리 젊은 연예인처럼 커트를 한들
얼굴이 어찌 연예인처럼 될 수 있으랴
세월의 무게를 이기지 못하고
빨래판처럼 주름으로 쭈그러진 것을
아들은 아직도 어머니가 젊은 연예인처럼 고우신 줄 안다
얼굴이 심하게 얽은 곰보 엄마를 둔 딸
'세상에서 우리 엄마가 제일 예쁘다'라는 말이 생각난다.

탐심을 버리자

새로운 것이 물결치는 세상에
묵은 쭉정이를 끌어안고
끙끙거리는 어리석음을 범했다
삼 년 동안 저장되었던 묵은지
아낌없이 쓰레기통으로 직행버스를 태웠다
체했던 가슴이 뻥 뚫린 듯 후련하다

무엇이 그리 아까워
삼 년을 끌어안고 끙끙거렸던 것일까
혹시나, 혹시나~

탐심은 탐심을 낳고
몸무게만 자꾸 늘려가는

우리집 냉장고 속
탐심을 털어내고
가벼운 마음으로 다이어트를 하자.

독도

이름 없이 태어난
섬이 아닙니다

천년 세월 백의의 민족
숨결이 머문 곳입니다

수 세기 파도는
몸을 비볐지만
아직도 선명히
빛을 발하는

조선령 세 글자
눈을 부릅뜹니다.

머루 포도 이야기

시장엘 가니 탐스러운 머루 포도알이
새까만 눈알을 굴리고 있었다
번개처럼 머릿속을 스쳐 가는
머루 포도 따러 가던 생각이 났다
내 유년 시절
그 작은 발 종종걸음으로
한나절 족히 걸어가야 하는 고리산이란 곳이 있었다
그곳에는
탐스러운 새까만 머루 포도가 나무에 주렁주렁 매달려 있고
가시덤불 속에서 잠자던 토끼가
우리들의 기척 소리에 놀라 화들짝 달아나기도 했다
포도 몇 알을 먹기 위해 하루 종일 걸어야 했던 그 시절…
지금은 단 몇 분만이면
가까운 시장에서 원하는 달콤한 머루 포도 향에 취할 수 있으니
좋은 세상에서 살고 있음이 피부에 와닿는다
쓸쓸히 휘날리는 탈색되어 가는 머리카락만 보이지 않는다면….

나

무생물이 아니에요
때리면 아프다고
말할 줄도 알아요

밟으면
꿈틀거릴 줄도 알아요

바보가 아니에요
보고 느끼고
감상할 줄도 알아요

아지랑이 너울대는
봄이면
어울려서 즐길 줄도 알아요

영화를 보고 드라마를 보고
눈물 철철 흘리는

아직은
감성 깊은 여자랍니다.

외로움

사나운 발들에 밟히고
또 밟히는
아프다고 아우성쳐도
귀 막아 듣는 이 없는

비바람 세차게 맞아
온몸이 시려도

가시밭 험한 길
등불 없이
벗님도 없이
넘고 또 넘어
숨 고르려 하건만

부족하다, 부족하다
가지들의 아우성

수액 잃은 껍데기로
작은 기침에도
몸 뒤틀리는
마른 풀잎인걸.

미가원

노목의 삼색병꽃
향기에 취해 팔만대장경 관람 불공의
피로를 푼다
맵지도, 짜지도 않은
넉넉한 주인 인심의 달콤한 해물찜
지쳐 축 늘어진 육신을 잡아 일으킨다

지친 몸 해물찜으로 달래고
방긋이 웃고 있는 분홍빛 수련을 시야에 두고
돌 평상에 잠시 자리를 한다

초록 잎사귀 손에 들고
수줍게 물 위에 동동 떠 있는
노오란 조막 같은 수련을 반긴다

한가로이 가슴 바닥에 펴고 오수를 즐기는 백구
흐드러지게 피어있는 가시 선인장 분홍빛 꽃잎들
풍파에 시달려 사그라지는 돌절구 속에 옛 추억을 담아본다.

* 경남 합천군 가야면 야천리 295-2, 팔만대장경 관람을 마치고.

잡념

시를 찾아
천리 길 달려
시의 산실 찾았건만

잡념만 무성하게
강진 하늘에
맴돌더라

몸에 스며드는
본습이 없고서야
어찌 시의 형태를
그려내리오.

바가지 샘가에서

바가지 샘가에서
꽃무늬 데드론 치마 적시며
쪼그리고 앉아
익모초를 찧는다

밤새 몸부림으로 지새우던
초가삼간을 뒤로하며
어깨에 나무 지게 둘러메시고
들녘으로 나가시는
아버지 뒷모습에
돌담에 기대선 감나무
한 잎 두 잎 떨어지는
잎사귀 바라보며
단발머리 소녀는
마냥 마냥 서럽습니다.

첫눈

기다란 목 흔들며
함초롬히
미소 짓는 길
한들거리는 연분홍 코스모스
한 움큼 꺾어 들고
뽀얗게 먼지 이는
비포장 황톳길을
걸었으면 했는데
잡을 수 없는 무심한 세월은
첫눈을 데리고 와
혼을 놓은 잎사귀 손잡고
달리는 차창에 부딪혀
나뒹굴어 버리는
심란한 내 심사여라.

봉선화

분홍빛으로
온통 바다를 이룬
아침을 맞는다

단발머리 소녀의
곱게 물든
연분홍 손톱이

게슴츠레한
실눈 속으로
살금살금
걸어 들어온다.

고무신 한 짝

어느 산골 소녀의
애절한 사연이
담겨 있을
고무신 한 짝
무슨 사연이 있었기에
이곳 바닷가
외진 곳까지 떠내려와
바위틈에
웃음 잃은 채
나뒹굴어져 있을까!

아가의 노래

다이아몬드의 보석이 귀하다 한들
사랑하는 나의 아가와 비길 수 있을까
밤하늘의 별들이 아무리 반짝인다 한들
사랑하는 나의 아가 눈동자와 비겨볼 수 있을까

너를 보고 미소 지으며
너를 보고 꿈을 심으며

솜털보다 더 부드러운 너를 감싸 안으면
행복에 젖어 눈가엔 이슬이 맺힌다

보석을 준다 해도 사리가 된다 쳐도 싫다
오직 너를 가슴으로 품으며
가슴 벅찬 희망의 나날을 보내련다.

코스모스

귀뚜라미 울음
사랑의 멜로디로
흘러나오는 황토 길가
뽀얀 먼지로 곱게 단장한 얼굴
밤새 달님과 속삭이다
영롱한 새벽이슬 한 스푼 받아
세수한 청초한 모습
눈부신 아침 햇살에
지난밤 진한 사랑 이야기
수줍은 새색시 미소로
감춘다.

바다가 아파요

바다가 몸살을 앓고 있어요
썰물이 밀려 나간 바닷가 모래사장
바윗돌이 얼굴 찡그리고 있네요

바윗돌 사이 은빛 모래사장
사람들이 쓰다 버린 폐생활용품
타이어, 튜브, 고무신, 밧줄, 돗자리 등
아직도 비릿한 젖 내음 풍기는 듯한
어느 순결한 아가의 예쁜 티셔츠까지
이리저리 마구 나뒹굴어

바다 갈매기 나는
곱디고운 은빛 백사장을
울리고 있네요.

옥수수를 먹으며

사월에 흘렀던
땀방울이
통통한 알갱이 되어
한 알 두 알
입안에서 톡톡 터진다

은하수 물결 출렁이는 팔월
널따란 멍석 위에서
노오란 하모니카 불며 웃던
한 가지 잎새들은

어느 푸른 하늘 아래서
은하수 쏟아지는 밤하늘
바라보고 있을까.

강아지풀

여름내 입었던 초록 치마
자줏빛 드레스로 갈아입고
하늘 향해 춤사위 이루네

내 유년 시절 뒷마루
목침 고이시고
단잠 주무시는 아버지
코털 간지럼 태우던 너

허수아비 목청 멜로디로 들으며
황금 옷 갈아입는
벼들의 합창 들려오는 정오

창문 넘어 나지막한 언덕
문명의 이기들의 굉음에도
굳건히 서서
실개천 휘돌아 흐르던 곳
이야기 전해 주고 있구나.

대청호

선사 시대의 유적도
구석기 시대의 유물도
내 유년의 추억도
한입에 삼켜버린 얄미운 너
천연스러운 푸른 얼굴, 눈동자
잡으면 잡힐 듯한
재잘대던
소꿉친구들의 모습

아, 아
너희들은
물새처럼
날아가 버렸구나.

봄 가뭄

듬성듬성 고개 내민
감자의 여린 싹
밭이랑을 지나가는
호미 사이로 폭삭폭삭
일어나는 흙먼지만
농부의 콧속 가득하네

텃밭에 뾰족이
솟아오르는 새싹
파랗게 나풀거려야 할 잎새
한 방울의 물도 취하지 못한
누런 얼굴로
실바람에 한들거리며

목이 늘어나도록
바다보다 푸른 하늘만
쳐다보고 있네.

콩들의 이야기

이글이글 타오르는 장작불 위
시커먼 가마솥에 들어앉아
푸른 들판에서 몸을 간질여 주던
소슬바람을 그리워한다

숲속에서 지저귀던
새들의 노랫소리가 그리워
눈물 머금고
뱃속 가득
효모란 실 품어낸다

사흘 동안의 암흑 세상
비단실 낳던 꿈속 이야기
생각할 여유조차 주지 않은 채
정구공의 세례 온몸으로 받으니
형체를 알아볼 수 없게 부서진 몸
감싸 안고 통곡한다

눈물 마르지 않은 몸
눈물바다 이룬 설디 설운 이야기
투박한 뚝배기와 나누네.

햇살을 등에 지고

풀잎에 맺혀 있는
영롱한 아침 이슬
발목을 적신다
어느 장인의 혼이 깃들었을
둥그런 소쿠리 옆에 끼고
빙긋이 웃으며 손짓하는
실바람 소슬한 고추밭에 이르면
눈부신 햇살이 온몸에 쏟아진다
고드름인 양 기다랗게 자라난
윤기 자르르 흐르는 빨간 고추
소쿠리에 가득 안기면
이마 위로 흐르는 땀방울
속옷 축축이 적셔오는 힘겨움에
잠시 허리 펴고 파란 하늘을 본다
흰 구름 흘러간다
미소 짓는 어머니 얼굴이 어른거린다.

취나무꽃

석양이 물드는 뜨락
5미터 앞에서 바라본
1미터가 넘는 키를 자랑하는
실바람에 한들거리는
하얀 취나무꽃은
솜털 보송보송
젖 내음 물씬 풍기는
천진스레 웃는 해맑은
아가의 미소였다

시기도 질투심도 원망도
화려한 꾸밈도 없는
그 하얀 미소는
이 세상 태고의 웃음이었으리.

드릴 수 없는 카네이션

실바람 타고
날아오는 오월의 향기
바다보다 넓던 포근한 가슴에
나풀대던 카네이션

밀려오는 그리움, 보고픔
아련히 들려오는
그 목소리
미소 짓는 어머니 얼굴

이젠, 달아드릴 수 없는
안타까움에
차라리
두 눈을 감습니다.

목련

새하얀 입술
따스한 햇살 마중하러
살며시 문을 여네
노란 털옷 암술 여왕
분홍 옷 수술 하녀 거느리고
아홉 겹의 하얀 문 활짝 열고
봄 햇살 맞이하네

봄을 불러 문을 여는
봄꽃
새하얀 목련.

문수전에 오르다 ─────────────────────────

제2부

수필

트라우마 : 퓰리처상 사진전을 다녀오다

　광복절 일요일 오후 아들과 함께 대전 시립미술관에 다녀왔다. 주차장에 차를 주차하고 잘 정리된 정원을 지나 먼저 이응노 미술관으로 향했다. 입구에 지붕을 떠받고 있는 것 같은 소나무 한 그루가 이색적이었다.
　관람실에 들어서자, 체온을 재고 연락처를 남겨야 했다. 일천 원이란 입장료가 흥미로웠으며 그리고 조금 더 안으로 들어가니 어떤 복잡하게 생긴 기계가 산에서 뚝 잘라 온 것 같은 나뭇가지 하나를 빙빙 돌리고 있었다. '어, 이게 뭐지!' 전혀 상식을 가지고 있지 않은 상황이라 그런지, 아니면 나이가 있어 그런지 무슨 뜻인지 도무지 이해가 안 되었다. 미술관에 그림만 전시되는 것으로 상상했던 난 어리둥절하여 촌닭을 서울 시내에 갖다 놓은 듯하였다.
　안으로 조금 더 들어가니 《밤에 해가 있는 곳》이란 제목의 글이 보였다. 좀 긴 글이라 서두를 조금 읽어보니 소설 속 '밤에 해가 있는 곳' 인공지능 친구이자 화자인 클라라가 등장인물들과 연대하는 공간이라는 점에서 전시의 주제와 맞닿아 있었다. 햇볕에서 생명력을 얻은 클라라가 자신이 돌보는 소녀 조시를 위해 해가 지는 곳으로 달려가는 것처럼 동시대 작가들의 작품을 통해 최첨단 과학사회 속 기계와 인간의 자화상을 그려보고, 미래 사회의 대안으로써 이응노가 군상 연작에서 주목했던 사람과의 연대라는 가치를 우리의 마음속에 되새길 것이라는 서두를 읽어보니 빨리 잘 이해도 안 가고 좀 많은 양의 글이라 그냥 지나쳐 안으로 들어갔다.

안으로 들어가니 이응노님의 작품이 하나, 둘 보이기 시작했다. 역시 이응노님의 군상은 난도가 있어 어려웠다. 이응노님에 대한 상식이 전혀 없었던 터라 더 어려웠던 것 같았다. 전시장을 한 바퀴 빙 돌아 나와 60만 명의 심장을 뛰게 한 퓰리처상 사진전이 열리는 시립미술관으로 향했다.

사진전은 대전 시립미술관 특별전으로 기쁨과 슬픔의 순간, 인간의 인간에 대한 기록, 인간 등정의 역사가 고스란히 담겨 있는 전쟁과 가난, 삶의 기쁨 그리고 거대한 역사의 순간들이 자리하고 있었고 이 사진들은 본능적으로 우리 자신을 성찰하게 만들었다. 퓰리처상 사진전 연도별 수상작을 감상하는 것은 근현대 세계사를 눈으로 읽는 것과 다름없었다. 백인의 영웅 베이브 루스에서 흑인 대통령 오바마까지, 한국전쟁, 2차 세계대전, 베트남전쟁, 베를린 장벽, 구소련의 붕괴, 뉴욕 9·11테러, 아이티 재해에 이르기까지 세계 근현대사의 핵심적인 인물과 사건들을 담고 있었다.

사진전 관람은 사진 촬영이 금지되어 있어 사진 설명까지 다 읽어보느라 거의 2시간 정도 걸린 것 같았다.

사람을 처형하느라 방아쇠를 당기는 모습을 보는 순간에도 사진작가는 셔터를 눌러야 했다. 이 얼마나 비극적인가!

한국인이 가장 사랑하는 사진전으로 기억되는 퓰리처상 사진전의 2020년 앙코르 전시회에서는 2014년 이후의 수상작 140여 점과 사진 뒤에 숨겨진 이야기들을 다시금 풍성하게 선보인다고 한다. 가장 직관적인 방식으로 메시지를 전달하는 매체인 사진을 통해 시대의 목소리를 담은 예술의 역할을 조망하는 것 같다.

대동강 철교를 넘는 피난민을 촬영한 사진 기자는 맥스 데스퍼라는 사진작가였다. 6·25 전쟁 당시 AP통신의 종군기자 맥스 데스퍼 기자가 이 사진을 찍은 날은 중공군의 참전으로 유엔군이 후퇴하던 때인 12월 4일이었고 그는 이 사진으로 퓰리처상을 수상하였다고 한다. 보따리를 이고 지고 폭파하여 쭈그러진 철교 위에서 사람들이 아슬아슬 매달려 있는 모습은 전쟁의 참혹상을 그대로 보여주는 어떤 말로도 비교가 안 되는 생생한 상황을 전달해 주고 있었다.

전쟁이란 얼마나 무서운 일인지 모든 사진을 보고 다시 한번 몸서리쳐져 온몸에 소름이 돋았고 이런 비극이 다시는 일어나서는 안 되어야 한다는 것을 우리 후세들에게도 상기시켜 주어야 한다고 생각하였다. 퓰리처상 사진전은 그 어떤 글로 남긴 역사보다도 생생하게 역사를 보여주는 거울이었다는 생각이 들었다.

(2021년 8월 15일 퓰리처상 사진전을 다녀오다.)

추억 여행을 하다

둘째 딸이 병원에 근무하는데 변산반도 바다호텔 숙박권을 추첨에서 받았다고 한다. 3년 전에도 같은 곳의 숙박권을 추첨으로 받았다 하여 여름휴가를 잘 보내고 온 곳이다. 딸 덕분에 비싼 호텔 숙박권이 그것도 여름 성수기에 당첨이 되어 가족이 여행을 갈 수 있게 되어 참으로 행운이 좋은 것 같다.

3년 전에는 내가 내 차로 운전을 하여 아들과 남편을 태우고 떠났고, 딸은 혼자 자기 차로 떠났다. 그런데 이번에는 아들 차로 아들이 운전하고 나와 남편을 태우고 떠났고, 딸은 그때처럼 혼자서 자기 차로 운전을 하고 떠났다. 사는 곳이 다르고 짐도 있고 하여 각기 떠나기로 한 것이다.

점심은 각자 집에서 먹고 출발했다. 가다가 전주 수목원에 들리기로 하여 딸과 그곳에서 만나 수목원을 둘러보았다. 보통의 수목원은 나무만 많이 심겨 있어 크게 재미를 느끼지 못하였는데 한국도로공사에서 운영하는 전주수목원은 볼거리가 다양하게 많았다. 주차장에 주차하고 수목원 입구를 들어서니 숨이 멎을 것 같았던 뜨거운 태양과 무더위도 수목들의 싱그러운 호흡에 한발 물러서고 향긋함이 얼굴을 매만진다.

관리소와 홍보관을 지나 넓게 펼쳐진 초원 위에 목마가 한가로이 서 있는 모습이 보이고 초원의 가장자리는 여름의 대표적인 주목나무의 붉은 꽃들이 어서 오라 손짓을 했다. 아들과 딸은 여러 가지 포즈를 취하며 추억의 사진을 남기느라 분주한데, 나와 남편은 그저 주변만 서성일 뿐이었다. 이제는 사진을 찍어도 완전한 볼품없는 할아버지, 할머니 모습이니 그저 옛날만 회상할 뿐이었다. 주몽 나무 밑의 그네에 앉아 싱그러움만 마셨다.

넓은 광장 랜드마크의 희귀함에 의아함을 가지고 카페 아르보를 지나 수생식물원에 다다랐다. 물 위에 떠 있는 희귀한 연꽃잎이 있었다. 쟁반처럼 아주 넓은 잎에 테두리가 있는 처음 보는 연꽃잎이었다. 크기도 참으로 컸다. 테두리가 있는 큰 쟁반을 물 위에 동동 띄워 놓은 듯싶었다. 우리 일행은 참으로 신기하여 한참을 바라보다 그 대형 연잎을 사진으로 남기고 다음 코스로 옮기는데, 큰 나무 밑에 희귀한 것들이 땅속에서 불뚝불뚝 솟아 나온 것들이 있었다.

낙우송과 공기뿌리였다. 뿌리가 지상으로 솟아 나와 숨을 쉬며 살아가는 나무라 했다. 이제까지 여러 곳을 돌아다녔지만, 이런 나무는 처음 보는 것 같았다.

다음 코스로 발걸음을 옮겨 아름다운 꽃들이 미소를 띠는 길을 따라 올라가니 빨간 장미가 전통적인 기와지붕의 모양과 어우러져 한층 전통의 미를 살리는 듯하였다. 너무 더워서 자세히 더 많은 곳을 돌아보지 못함을 아쉬움으로 남기며 우리들의 추억은 사진으로 남기고 다음 목적지를 향해 떠났다.

전주에 왔으니 전주 한옥마을을 돌아보기로 했다. 우리 전통가옥의 한옥마을에 들려 전주시 지정 한옥마을 우수업소인 외할머니 솜씨란 찻집에 들러 온몸이 시원해지는 찰떡이 고명으로 올라오고 고소한 흑임자가 뿌려진 팥빙수를 시켰다. 팥빙수로 더위를 약간 시키고 체험박물관 '전주난장'이란 곳으로 발길을 옮겼다.

4년여의 공사 기간이 걸려 만들어 지었다는 이곳은 당시 삶의 모습을 생생하게 만나볼 수 있어 교육적 효과가 높은 곳으로 우리 일행은 옛날을 회상하면서 직접 보고, 만지고, 체험하고 한바탕 웃음을 자아냈다.

초등학교 교실에 들려 낡은 풍금을 두드려 보기도 하고 칠판에 백묵으로 글씨를 쓰며 나는 선생님이고 아들은 학생으로 하는 상황극까지 하며 난로 위에 양은 도시락 안에 보리밥과 위에 계란 프라이를 얹고 비엔나소시지를 반찬으로 한 모형의 도시락을 보고 이 정도 도시락을 가져올 수 있는 학생은 잘사는 집안이라고 그 당시 나라의 어려움을 아들과 딸한테 설명해 주었다.

나는 다듬잇방망이로 다듬잇돌 위 빨래를 열심히 두드려도 보고 남편은 내 등 뒤에서 막걸리 먹는 시늉을 하면서 그럴듯한 상황극에 아이들이 함박웃음을 자아냈다.

이곳저곳을 세세하게 돌아보면서 어디서 이런 옛날 것을 다 모아다 놓았는지 참으로 대단하다는 생각을 했다. 우리나라 전체 인구의 모든 생활사를 그대로 옮겨놓은 듯했다. 그야말로 작은 나라를 그대로 옮겨 놓은 듯싶었다. 없는 것이 없는 것 같다. 어떻게 이렇게 많은 옛날 것을 구해다 놓았는지 참으로 대단했다.

두레박 샘에서 샘물을 한 바가지 길어 올려 보라고 해서 한번 체험해 보니 생수 한 병을 주어 더위에 지친 갈증을 해소했다. 한 바퀴 돌아보고 나오는 길목에서 옛날 아이스케이크를 서비스로 주어 한번 먹어 보니 그 옛날 그렇게도 먹고 싶었던 그 아이스케이크의 맛이 아니었다. 참으로 맛이 없었다. 이렇게 맛없는 것을 한번 먹어보지 못해 안달하던 그때의 우리나라의 경제 사정이 얼마나 안 좋았는지 상상해 볼 수 있었다.

벌써 해는 서산으로 기울고 배꼽시계는 밥 달라고 아우성이고, '전주난장'에서의 체험을 마무리하고 전주의 맛집 비빔밥을 저녁 메뉴로 정하고 식당으로 향했다. 아이들이 인터넷으로 찾아간 곳은 돌솥 비빔밥집이었다. 아이들과 남편은 육회를 얹은 비빔밥으로 정하고 소화 기능이 약한 나는 버섯과 채소를 넣은 비빔밥으로 정했다.

맛있는 저녁 식사를 마치고 대지 위엔 어둠이 내리고 우리들의 여름휴가 숙소인 전북 부안군 변산면 격포리 289-1 바다호텔로 향했다. 전주에서도 한 시간여를 달려 드디어 숙소에 도착했다. 밤길이라서 딸이 길을 잘못 찾아 좀 늦게 도착하였다.

아침부터 준비하고 온 탓인지 좀 피곤했다. 아들과 딸은 영화를 보자고 했다. 제목은 명당이었다. 땅의 기운을 점쳐 인간의 운명을 바꿀 수 있는 천재 지관 박재상과 왕이 될 수 있는 천하명당을 차지하려는 이들의 대립과 욕망을 그린 작품이었다. 아주 실감나게 감상했다.

다음날은 바다호텔 주변에서의 관광이다. 늦은 아침으로 삼겹살을 구워 먹고 오후엔 실내 수영장에서 아들, 딸과 즐기고 시간의 여유가 있어 아이들이 찾아보니 해저 동굴이 근처에 있으니 구경 가자고 하여 나갔다가 바닷물이 들어오고 있으니 빨리 나가라는 방송에 기겁해서 해저 동굴 가까이 갔다가 구경도 못하고 초능력으로 달려 바다를 빠져나왔다. 물이 어느 속도로 들어오는지 몰라 방송 소리만 듣고 놀라 달려 나왔는데 다음 밀물 때 잘 지켜보니 천천히 나와도 될 것 같았다. 너무나도 정신없이 달려 나오고 보니 그때는 몰랐는데 자다가 발목이 아파서 잠이 깼다.

저녁엔 곰소항에 가서 김장 때 쓸 까나리 액젓을 사고 남편이 좋아하는 어리굴젓을 사고 부안 맛집 현정이네 횟집(전북 부안군 진서면 곰소항길 66-15)에 가서 푸짐한 저녁을 즐겼다.

다음날은 일찍 방을 비워 주어야 하는 상황, 모두 일어나 각자의 짐을 챙기고 아침 겸 점심은 가다가 명인 죽집에서 먹기로 하고 출발했을 때처럼 각자의 차를 타고 떠났다. 죽집에 도착하니 식당이 어찌나 큰지 어림잡아 이백여 평이나 되는 것 같았다. 그 넓은 식당에 사람들이 꽉 차 대기를 해야 하는 상황이었다. '야 이런 곳에 와서 식당을 하면 참 많은 돈을 벌 수 있겠구나!' 생각하며 우리들은 인삼 백합죽을 시켰다. 별식을 즐기고 아름다운 여름휴가 추억을 간직한 채 각자의 자리로 출발했다.

(2022년 8월 5일~7일 변산반도 채석강을 여행하다.)

2023년 여름휴가

장마철에 휴가 날짜를 잡는다는 것은 상당히 무모한 일이라 생각이 들지만 여름에는 항상 비가 오니 이것저것 모든 조건을 다 맞출 수가 없었다.

이미 잡아놓은 일정이니 강행해 보자. 소가죽처럼 굳은 뚝심으로 일정에 맞추어 일행은 출발을 했다. 둘째 딸 차로 모든 일정을 소화하기로 했다. 딸이 운전을 하는 게, 전에는 좀 불안하더니 이번에는 새로 산 차여서 그런지 편안하고 안정감이 있었다. 비는 오지 않아 순조로운 출발이었다. 나는 속으로 기도했다. 일기예보에 비가 온다고 했는데 운전하며 오갈 때만이라도 제발 비가 안 왔으면 하는 마음으로 기도를 했는데, 다행히도 기도가 효력이 있었는지 가는 중에는 날씨가 좋아 무사히 도착지까지 도착했다.

늦은 출발(오전 10시 30분쯤)이어서 도착하니 점심때가 되어 점심

먼저 먹고 돌아볼 곳으로 가기로 했다. 아들과 딸이 맛집을 찾아 정한 곳으로 갔는데 식당 이름은 '나들목 여주쌀밥'이었다. 메뉴로는 나들목 정식을 시켰는데 돼지불고기, 고등어구이 등 여러 가지가 나왔는데 모든 음식이 간도 잘 맞고 다 맛이 있었다. 특히 기름 자르르 흐르는 여주쌀밥은 환상적인 맛, 입에 착착 붙는 맛이었다.

맛있고 푸짐한 점심 식사를 마치고 첫 번째 코스로 빼어난 자연환경과 역사적 유적지가 살아 숨 쉬는 도시, 여주 세종대왕릉(영릉(英陵)을 돌아보기로 했다. 조선시대 문화의 황금기를 이룩한 조선 4대 임금 세종과 비 소헌왕후 능이다. 조선 최초의 합장릉이며 풍수 사상에 따라 주산을 뒤로하고 좌우에는 청룡, 백호를 이루고 남쪽으로는 멀리 안산인 북성산을 바라보고 있다고 한다.

우리 일행은 입구에서 입장료 1인당 500원을 내고 입장을 하여 안내표를 보고 차근차근 주변을 살피며 걸었다. 외부에 설치된 세종대왕께서 연구하신 업적들을 살피며 존경과 감탄을 자아냈다. 이 업적들을 연구하기 위해 밤잠을 설치셨을 임의 동상 앞에서 인증 샷을 남겼다. 주변에 크고 작은 나무며 건물이며 연못이며 재실을 살피며 이렇게 넓은 곳을 관리하는 분의 노고가 크다고 생각하면서 홍살문을 지나 영릉을 향해 천천히 걸어 정자각에 올라 안을 들여다보며 잠시 숨을 고르고 세종대왕과 소헌왕후를 합장한 영릉에 올랐다. 숨이 차오르는 삼복더위인데도, 많은 사람들이 어린아이까지 데리고 와서 산 교육의 현장을 이미 와서 살펴보고 있었으며 파란 눈의 외국인들도 있었다.

영릉에서 앞과 좌우를 살펴보니 풍수 사상에서 말하는 주산을 뒤로하고 좌우에는 청룡, 백호를 이루고 남쪽으로는 멀리 안산인 북성산을 바라보고 있는 천하제일의 명당인 것 같았다.

비가 온다는 일기예보였는데 오랜만에 가족여행을 나온 우리들을 하느님도 아셨는지 잠시 비는 멈춰 주시고 간간이 시원한 바람까지 보내주셨다. 그래도 워낙 더운 날씨라 나는 목이 많이 말라 내려올 때는 좀 서둘러 내려와 커피숍에서 시원한 음료 한 잔을 마시니 더 이상 부러운 것이 없는 아늑함이었다.

다음 코스는 1973년 경기도 유형문화유산 제46호로 지정된 명성황후 생가다. 명성황후 생가는 조선 제19대 숙종의 왕비 인현왕후의 아버지인 민유중의 묘막으로 건립되었고, 명성황후(1851~1895)가 태어나서 8세까지 살던 집이라 한다. 우리 일행은 어린 명성황후를 상상하며 이곳저곳을 둘러보니 우리나라의 조선 중기 살림집의 특징을 볼 수 있었다.

명성황후와 당시의 시대상을 엿볼 수 있는 다양한 유물과 자료를 전시해 놓은 명성황후 기념관에도 들러 우리나라가 힘이 없어 일본인한테 당한 아픈 역사적인 장면을 볼 수 있었다. 명성황후 시해도가 전시되어 있었는데, 길이는 1m 20㎝이며 성인이 한 손으로 휘두르기에 힘겨울 정도로 무겁고 아직도 날이 시퍼런 살상용 칼 같았다. 칼집에는 "단숨에 전광과 같이 늙은 여우를 베었다"라는 섬뜩한 글이 적혀 있었으며 작전명을 '여우사냥'이라고 붙였음을 뒷받침해 주고 있었다.

이 칼은 일본의 시해 당사자인 토우 카츠아키가 "민비를 베었을 때의 얼굴이 잊혀지지 않는다. 두 번 다시 세상에 나와서는 안 된다."라며 시해 13년 뒤인 1908년에 일본 쿠시다 신사에 맡겨 현재까지 신사의 금고 속에 보관되어 있다고 한다. 이곳에 전시되어 있는 것은 일본에서 사진 촬영해 온 것을 토대로 복제한 것이라 한다.

지금 생각해 보면 어찌 한나라 황후가 그렇게 무모하게 힘없이 살해를 당할 수 있었는지? 참으로 안타깝고 의문스럽다. 명성황후의 영정사진이 그려진 곳에 '비운에 가신 황후님-명성황후를 기리며- '란 시 한 편이 걸려있어 소개해 볼까 한다.

비운悲運에 가신 황후皇后님
- 명성황후明成皇后를 기리며 -

하늘도 울고
땅도 울었습니다

천하를 호령하시던
명성황후明成皇后님

영특하심 걸림돌 되어
놈들의 비수匕首
참혹하게 찢긴 몸
능현리 자색紫色 무지개
비운悲運의 먹구름 되었습니다

차라리 이름 없는 꽃이었다면
이름 없는 꽃이었다면
비통悲痛한 마음 가눌 길 없어
구름도 울먹이며 흘러갑니다

이러한 시 한 편이 발목을 잡았습니다.

명성황후 생가와 기념관에서 명성황후 시해 사건(을미사변)의 이모저모를 둘러보고 비통한 역사에 무거운 발걸음으로 지는 석양을 바라보며 자동차에 올랐습니다.

오늘의 일정이 여기까지라고 아이들이 말하는데 아직 해가 남아있으니 그리고 일기 예보에 비가 많이 온다고 하니 지금은 아직 비가 오지 않고 있으니 한 군데를 더 돌아보자 하여 가까운 곳에 신륵사라는 고찰이 있으니 가보기로 했다. 가는 길에 여주 곤충 박물관에 들렀는데 늦은 시간이라 입장을 할 수가 없었다.
바로 신륵사로 향했다. 신륵사는 경기도 여주시 봉미산에 있는 대한불교 조계종 소속의 사찰로 신라 진평왕 때 원효대사가 창건했다는 설이 있으며 고려 우왕 2년(1376년)에 나옹선사가 입적하면서 유명한 절이 되었으며, 남한강변의 자연경관이 아름다워 많은 사람들이 찾고 있다고 한다. 자동차로 가니 금방이었다.
서산으로 기우는 석양을 바라보며 걸음을 재촉하여 장엄한 일주문을 지나 빠른 걸음으로, 안으로 향했다. 남한강 근처의 천년 고찰 신륵사의 남한강 강가에 있는 정자 강월헌은 남한강 뷰와 어우러져 여주 팔경에 속한다고 한다. 여기서 일출을 볼 수 있는 명소라고 하고, 정자 옆에 삼층 석탑이 세워져 있었는데 바위 위에 세워져 바닥에는 작은 돌이 수평을 맞추기 위해 고여져 있었다. 그 무거운 석탑이 작은 고임돌 몇 개로 지탱하고 서 있다는 것이 참으로 신기했다.
우리는 남한강의 아름다움에 동화되어 정자에 앉아 흐르는 땀을 닦으며 아들이 "엄마가 낭송을 배우셨으니 이렇게 좋은 곳에서 한번 해 보시지요."라고 했다. 나는 서슴없이 일어나 그동안 암기했던 정일근 님의 시 '둥근, 어머니의 두레 밥상'을 낭송했다. 좀 장문이라서 아이들이 깜짝 놀랐다. 그렇게 긴 것을 어찌 외우셨냐고 나도 내가 남의 시를 외워서 낭송할 수 있을 줄은 몰랐다. 무료하게 나이 먹어감이 아쉬워 지난 5월부터 문화원 시 낭송 반에 들어가 일주일에 한 번씩 수업에 참석했다. 바쁜 날은 수업에 참석하지도 못해서 몇 번 못 간 것 같다. 그런데도 열심히 외워보니 외울 수가 있어서 나 자신도 공부에는 나이가 상관없다는 것을 깨달았다.

강월헌 정자에서 쉬고 있을 무렵 때마침 신륵사 대웅전에서는 저녁 불사가 시작되고 있었다. 나도 불교도기 때문에 이렇게 불사 시간에 이곳에 온 것도 인연이라 생각되어 잠시 대웅전에 들려 잠깐이지만 삼배하고 불사에 참석을 했다. 불사가 끝나 대웅전 앞에 나오니 갑자기 비바람이 몰아치기 시작하여 빠른 걸음을 재촉하여 자동차에 올라 숙소로 향했다.

공기 좋은 숙소에서 하룻밤을 편안히 쉬고 다음 일정은 도자기 체험이라고 했다. 아들이 미리 공방에 예약을 해놓아 예약 시간에 맞추어 우리들은 도자기 만드는 것을 체험해 볼 수 있었다. TV에서만 보던 물레를 직접 돌려 보니 미세한 손의 움직임에도 그릇의 모양이 많이 변하는 것에 놀라움에 감탄의 찬사를 보내며 선생님의 도움을 받아 파스타 접시를 만들어 직접 그림물감으로 내가 만든 그릇에다 그림을 그렸다. 종이에다 그리는 그림과는 확연히 달라 붓이 마음대로 움직여 주지 않았다. 마음같이 잘 그려지지 않아 좀 속상했지만 처음 해보는 것이니 그럴 수밖에 없지 생각하니 당연하다 싶어 아쉬운 마음은 잠시, 더 만들어 보고 싶은 마음에 꽃 모양 접시 하나를 더 만들었다. 우리들이 만든 그릇은 유약을 발라 가마에서 구워 6주 후에 택배를 통해 집으로 배달해 준다고 한다.

우리 일행은 즐거운 체험을 마치고 점심으로 맛있는 보리굴비 정식을 먹으러 갔다. 경기도 이천시 마장면 서이천로 648 이천 '강민주의 들밥'은 토속음식점으로 식객 허영만의 백반기행에 방송되었던 집이라고 한다. 식당 주변에는 도자기 마을답게 수많은 도자기 공예품이 줄을 지어 장식되어 이천의 특성과 풍미를 제대로 만끽할 수 있는 곳이었다. 유기그릇에 정갈하게 차려 나온 제철 음식은 모두 내가 좋아하는 음식들이었고 보리굴비는 먹기 좋게 큰 가시는 제거하고 젓가락으로 집기 좋게 분리했는데 굴비의 모양은 유지해 놓았다. 가지튀김도 일품이었으며 연근 들깻가루 무침, 도라지무침 등 한 가지 한 가지가 모두 보기에도 정성 들여 차려놓은 맛있는 한 상이었다. 내 입맛에 맞는 맛있는 반찬들이었다.

이천의 밥이 이렇게 맛있다니 이 밥맛을 보려고 다시 이천에 오고 싶어질 것 같았다. 집에 가면 이천 쌀을 사서 이천에서 먹은 밥과 같은 밥을 만들어 먹어 보아야겠다고 생각하면서 정갈하고 맛있는 수라상 같은 밥상으로 점심 식사를 하고 우리는 1박 2일의 여주, 이천 일대 일정의 여름휴가를 마쳤다.

2021년 8월 오늘

　눈만 뜨면 쏟아지는 TV 뉴스는 코로나 확진자 숫자이다. 날이 갈수록 더해가는 숫자, 한자리에서 네 자리 숫자로 올라갔다. 중증 환자, 사망자, 경증 환자, 인종과 나이를 가리지 않고 덤벼드는 코로나19란 나쁜 놈이 자리를 넓혀가며 파고드는 느낌이 들어 매우 불안한 일상이다.

　온 세계는 보이지도 않는 이놈을 잡으려고 온갖 힘을 다 빼고 힘센 총알을 퍼부어 보지만, 멸하지 않고 자꾸 고개를 들어 덤비고 있으니, 이 나쁜 놈을 어찌하면 영원히 나타날 수 없는 멀고 먼 저승으로 보내 버릴 수가 있을까!

　과학이 발달하여 달나라에도 가는 세상에서 어찌 이놈 하나를 완전히 멸하지 못하고 온 세계 의료진들과 국민이 크나큰 고초를 겪어야 한단 말인가. 참으로 답답한 세상에 살고 있는 오늘이 아닐 수 없다.

옛날에는 먹고살기 위해 우선 고픈 배를 채우기 위해 있는 힘을 다 하였는데, 이제는 의식주에서 해결되나 싶더니 보이지도 않는 균을 잡으려고 허공에 맨손을 한없이 휘두르는 멍청한 인간들이 된 것 같다.

사람이 모일 수 있는 곳에는 여지없이 나타나 이놈이 누구의 몸에라도 달라붙으니, 사람들이 사는 세상에서 사람들이 모일 수 없으니 어찌 살 수 있는 세상이란 말인가!

사람들이 많이 모이는 사업을 하는 직종은 하나둘씩 사업을 접어야 하는 상황이 되어 가고 있다. 친정 동생네도 실내골프장을 하는데 코로나19 사태가 시작되고부터 사업이 적자가 되기 시작하여 이제는 더 이상 버틸 수 없게 되어 아예 사업을 접었다고 한다. 이뿐이겠는가! 노래방 사업도 안 되고, 식당들도 안 되고, 나라에서 재난지원금을 준다 해도 이것 가지고는 문제 해결이 되지 않는다. 마른 가지에 가랑비 살짝 온다고 해서 잎이 푸르게 살아나기는 쉽지 않다. 어서 빨리 이 나쁜 놈을 잡아야 한다.

가는 곳마다 연락처를 남겨야 하고, 가는 곳마다 체온을 재어야 하고, 가는 곳마다 손 소독을 해야 하고, 어딜 가나 마스크로 입을 가려야 하고, 사랑하는 이들과 만나 정답게 마음 놓고 식사 한번 제대로 할 수 없고, 내 자식, 내 손자, 떨어져 사는 내 가족도 마음 놓고 만날 수 없는 세상이 되었으니, 이게 어찌 사람 사는 세상이라 할 수 있는지!

온 국민이 모두 불안, 초조, 우울증에 빠지게 된 이 현실, 오늘이 참으로 안타깝다.

무주구천동 계곡을 오르며

 무주구천동 계곡을 오르다 어사길 입구 들어서기 전, 먼 길 올라가기 전 잠시 휴식을 취하라는 듯 천년이 가도 썩지 않을 돌의자 나란히 줄을 서고 구천동 어사길 종합 안내도 앞에 다가선다. 코로나19로 마스크를 쓰고 계곡을 오르니 숨이 턱밑에까지 차오른다.
 암행어사 박문수의 발자취를 따라 걸을 수 있는 길로 물소리, 새소리 따라 상큼한 산소 마시며 일행과 함께 즐거운 대화를 나누며 오르는데, 죽은 나무 이야기(고사목)란 커다란 표지판 앞에 서게 된다. '나무는 죽어서 이끼, 곤충, 작은 동물들의 먹이와 보금자리로 이용되며, 생태계의 청소부 버섯을 위해 영양분을 제공한다고 적혀 있었다. 이렇게 숲속 생태계의 구성원 1/3이 죽은 나무에 기대어 살아가고 있고, 작지만 하나의 큰 생태계라고 할 수 있는 죽은 나무는 새 생명의 시작점이기도 합니다.'라는 표지판의 글을 읽으며 모르고 있던 생태

계의 한 면을 보며, 덕유산을 중심으로 124회에 달하는 전투를 벌였던 조선 말기 의병대장 문태서 장군의 체취를 느끼며 계곡을 따라 무주 33경 중 제19경에 해당하는 비파담에 오르니, 마치 내가 신선이 된 기분이 되었다.

커다란 암반 위로 흐르던 물줄기가 여러 개의 폭포를 이루며 떨어지는 넓은 소로 여러 물줄기를 타고 쏟아지는 폭포의 연못이 마치 비파 모양을 닮아 이름을 붙인 비파담은 하늘의 일곱 선녀가 구름을 타고 내려와 목욕한 후 넓은 반석 위에 앉아 비파를 뜯으며 즐겼다는 전설을 담고 있다고 한다. 얼마를 걸었는지 맑은 물소리, 나무들의 호흡 소리 가슴까지 차오를 즈음 무주구천동 32경 중 하나인 백련사가 눈앞에 보였다.

나라를 수호하는 승려들의 거점인 백련사, 신라 신문왕 때 속세를 떠나 깊은 산속을 거처 삼아 지내는 백련 선사가 있었다고 한다. 어느 날 그의 은둔지에 새하얀 연꽃이 피었다. 이를 길조로 여긴 백련 선사는 연꽃이 핀 자리에 백련암이라는 절을 지었다고 한다.

시간이 흘러 절에는 구천 명이나 되는 승려가 모여 백련사가 되었다고 한다. 그들은 삼국시대부터 신라와 백제가 영토를 다툰 전장인 무주구천동에서 나라를 수호하는 호국 무술 태권도를 연마했다. 난 법당에 들러 정성을 모아 삼배하고 뒤쪽 산신각에 올라 여기까지 무사히 올라올 수 있게 해준 산신령님들께도 인사를 드렸다.

잠시 문지방 아래 다리를 펴고 앉아 땀을 식히니 눈앞에 펼쳐진 풍경에 절로 감탄사가 나왔다. 참으로 절경이었다. 이렇게 한적한 곳에서 맑은 공기 마시며 스님들은 날마다 무슨 생각을 하고 계셨을까? 이곳에 있다고 하여 과연 속세의 연이 잊힐 수 있을까? 이런저런 생각을 하니 머릿속이 복잡하고 휴식을 취할 만큼 취한 터라 우리 일행은 하산을 위해 짐을 챙겼다.

내려오는 길 우리 일행은 비파담 넓은 바위에 앉아 가지고 간 점심 식사를 했다. 특별나게 요리한 음식은 아니지만 각자 집에서 간단하게 준비한 음식이었는데도 그 어느 유명한 요리사의 요리보다도 꿀맛이었다. 비파담의 맑은 물소리, 새소리가 양념 되어 한층 더 미각을 돋는 듯하였다. 하얗게 부서지는 계곡의 물소리 따라 석양을 바라보며 하산에 오르니 막혀있던 숨이 확 트이는 듯 가슴이 시원해짐을 느끼며 발길을 재촉하였다.

(2020년 6월 28일 일요일)

속리산 문장대 산행

　비 온 뒤 물소리, 새소리, 시원한 바람 소리 계곡 길 따라 수많은 바위 계단을 땀으로 샤워를 하며 20대의 추억을 되새기며 동료들과 재잘거리며 오르고 올라 문장대 정상을 향했다. 20대에 가 보고 66살에 오르는 문장대, 내 평생에는 다시 오르기 힘들 줄 알았는데 산행 동료들을 잘 만나 다시 오르게 되다니 참으로 감회가 새로웠다.
　맑은 계곡 물소리 들으며 쉼 없이 오르고 또 오르고 숨이 깔딱깔딱 넘어갈 듯싶은 깔딱 고개에 오르니 주막 같은 쉼터가 나왔다. 연세가 좀 지긋이 보이는 할머니께서 우리들을 반가이 맞으며 힘드니 좀 쉬어가라고 하셨다. 나는 목도 타고 다리도 아프고 해서 잠깐 쉬어 막걸리 한잔을 하자고 했다. 할머니께선 시원한 막걸리 한 항아리, 오이 한 개를 뚝뚝 썰어 고추장과 함께 내놓으셨다. 연세가 좀 있어 보여 할머니 연세가 어느 정도 되셨는지 여쭈어보니 팔십이 넘으셨다고 하셨다. 산속에서 계시어서 그런지 겉으로는 75세 정도로 보였다. 할머니 너무 젊어 보인다고 하니까 산속에서 맑은 공기 마시며 걱정 없이 살고 있으니까 늙지 않는 것이라고 말씀하셨다. 목마름에 지쳐 있던 난 단숨에 막걸리 한 잔을 들이마시니 갈증이 해소되는 듯하였다.

좀 쉬었다가 다시 걸음을 재촉하여 오르기 시작하니 이제는 온몸에 취기가 돌아 다리에 힘이 더 없어졌다. 오랜 산행을 한 동료가 산에 오를 때는 술을 먹는 것이 아니라고 하더니 정말 그런 것 같았다. 목이 마르면 물을 마셔야지 술을 먹으니, 다리의 힘이 더 빠지는 것이었다. 이 또한 공부로 받아들이고 동료들과 이런저런 이야기로 꽃을 피우며 절벽 같은 산길을 오르고 또 오르니 문장대가 눈앞에 보였다.

감회가 새로웠다. 내가 과연 문장대를 다시 올 수 있으리라고는 상상도 못 했다. 이십 대에 올라 보았던 문장대, 몇 년도 인가 햇수는 모르지만, 월일은 생각이 난다. 10월 24일이었는데 워낙 고도가 있는 산이라 눈이 많이 내렸던 것으로 기억한다. 너무나 춥고 바람이 불어 입술이 얼 정도여서 벌벌 떨었던 기억이 아직도 생생하다.

경상북도 상주시 화북면 장암리 산 삼십삼 번지에 있는 문장대의 정상에 있는 바위에는 인공적인 공이 많이 들어가 있었다. 철 계단을 만들어 정상에 오를 수 있게 만들어 놓고 바위 정상에는 철로 테두리를 만들어 위험하지 않게 작업을 해 놓았다. 빈 몸으로 오르기에도 이리 힘이 드는데 이곳에서 이런 작업을 하신 분들이 새삼 대단하고 고맙게 느껴졌다.

바위 정상에는 움푹움푹 파인 곳이 여러 곳 있었다. 무엇의 작용에 의해 이렇게 파였는지는 모르지만 참으로 기이하게 느껴졌다. 문장대라는 글씨가 새겨진 커다란 비석 앞에서 우리들은 추억의 사진 한 장을 남기고 주변을 둘러보니 그야말로 절경이었다.

신선이 이런 절경에서 살아서 신선이 되는 것인가? 정말로 근심 걱정은 어디로 다 날아가 버리고 가슴속이 후련하게 트이는 기분이었다. 이렇게 아름다운 경치를 보려고 온갖 힘을 다 들여서 이 먼 곳까지 오는구나! 생각하니 모든 사람들이 참으로 이유 있는 오름이라는 것이 느껴졌다.

우리 일행은 주변의 절경에 참시 취하고 올라왔던 길로 다시 하산하기 위해 발길을 재촉하였다.

(2020년 6월 14일 속리산 문장대 산행)

여름휴가

2019년 여름휴가라는 제목으로 가족 여행을 떠나기로 한 달 전부터 약속을 잡았다. 자녀들이 이제 모두 장성해서 각자의 직장을 잡고 있고, 나 또한 일을 하는 사회의 한 구성원으로서 모두의 시간을 맞추기란 쉽지 않은 일정이었다. 가족을 다 합하면 여섯 명이지만, 두 명은 출가하여 각자 가정을 가지고 있고 아이들까지 있으니 모두 같이 일정을 맞추기란 쉽지 않은 상황이었다. 그러나 각자 노력하여 휴가를 내보기로 하여 가족 중 4명만 여행을 떠날 수 있게 되었다. 숙박은 바다가 한눈에 보이는 아주 조망이 절경인 바닷가 언덕, 파도 소리가 아름답게 들리고 모터보트가 물살을 가르는 아름다운 조개들의 노랫소리가 들리는 바닷가 언덕 호텔에 숙박을 정했다. 숙박권은 둘째 딸이 회사에서 경품으로 받았다고 한다.

당일 아침부터 서둘러 여행 가방을 챙기고 간단한 음료와 과일을 준비했다. 내가 하는 일은 공인중개사인데 근처에 재개발이 되어 아파트 분양을 하는데 마침 모델하우스 오픈 사흘 중 둘째 날로 가장 바쁜 날이 휴가 첫날이었다. 미리 약속된 일정이라서 바꿀 수도 없었다. 둘째 딸이 큰맘 먹고 정한 계획인데 내가 돈 번다고 안 간다고 할 수는 없는 상황이었다.

어찌되었든 일상에서 벗어나 삼복더위에 녹음 짙은 고속도로를 가족과 함께 달리니 기분은 좋았지만 여간 조심스러운 것이 아니었다. 방정맞은 생각이지만, 만약 교통사고라도 난다면 가족이 모두 다칠 수 있는 상황이기 때문인지라 아주 긴장된 상태로 운전해야 했다. 더군다나 오전에 사무실에 출근하여 급한 일을 처리하고 농협 마트에서 서둘러 시장까지 본 상태라 몸은 피로에 지쳐 있었다. 지쳐 오는 피로와 내려앉는 눈꺼풀을 정신력으로 이겨내며 달리는데, 점심시간이 훨씬 지나서인지 배꼽시계까지 요란스러운 종을 울려대기 시작하였다. 안 되겠다 싶어 다가오는 휴게소에서 잠시 쉬어 허기진 배도 채우고 휴식을 잠시 취하도록 상의하였다.

잠시 후 휴게소가 보여 들어가니 많은 인파가 모여 움직였다. 화장실을 가는 사람들, 나무 밑에 잠시 쉬는 사람들, 식사인지 간식인지 펴놓고 즐거운 대화를 나누는 모습이었다. 우리들은 너무 더워 차에서 에어컨을 가동한 채 가지고 간 김밥을 김장김치와 하나둘 집어먹으니, 진수성찬이 부럽지 않았고 그야말로 꿀맛이었다.

허기도 채웠고 휴식도 좀 취하고 다시 자동차의 시동을 켜고 우리들은 달리기 시작하였다. 목적지는 변산반도 채석강 바다호텔이다. 관광버스를 타고 두 번인가 가보기는 한 것 같은데 내가 운전하고 가보기는 처음이라 그런지 내비게이션으로 주소를 검색하여 출발은 하였지만 가도 가도 끝이 없는 길이었다. 지루한 감이 몰려올 즈음 변산반도라는 이정표가 보였다. 길 잃은 아기가 길을 찾은 듯 반가워서 환호성을 쳤다. "야, 바다다, 드디어 바다가 보인다." 어린아이처럼 소리를 쳤다. 길을 맞게 온 모양이다 싶어 안도의 한숨을 쉬었다. 지루하게 달리고 달려 마침내 격포 채석강이란 이정표가 보였고 제대로 찾아왔다는 안도감과 긴장이 풀려서인지 피곤이 몰려올 즈음, 어느덧 우리들의 자동차는 바다호텔이란 곳에 도착, 바다가 바로 손 내밀면 닿을 것 같은 거리에 있는 호텔이었다. 철썩이는 파도 소리, 비릿한 바다 내음이 바닷가라는 것을 피부와 호흡으로 느끼게 하는 곳이었다.

우리가 예약된 호텔로 올라가니 어느 사이 둘째 딸이 먼저 와 집주인인 양 문을 열어 반겨 주었다. 잠시 짐을 풀고 휴식을 취한 다음 유명하다는 횟집을 검색하여 정한 곳이 근처 곰소항에 있는 현정이네라는 회 정식집이었는데 정말 후회 없는 결정이었다. 회의 신선도가 최상급이었고 일본어로 쓰키다시 또한 단일 품목으로도 충분히 판매 가능할 정도의 질 좋은 상품들이었다.

정말 질 좋고 맛 좋은 회 정식을 저녁 식사로 즐기고 숙소로 돌아왔다. 막내아들이 뜻있는 휴가를 즐기기 위해 부모에게 보여줄 영화까지 준비하여 밤늦게까지 영화에 몰입하고 잠자리에 들었다.

다음날 창문이 밝아오고 파도 소리에 눈을 떠보니 아이들은 아직 잠에 취해 있는데, 어느 사이 남편은 바닷가에 나가 작은 물고기와 작은 게를 플라스틱병에 제법 많이 잡아왔다. 창밖을 내다보니 많은 사람들이 바다에 나가 물고기를 잡는 사람, 바닷가를 서성이는 사람들, 각기 다른 자세로 휴가를 즐기고 있었고 얼마 후 아이들도 잠에서 일어나고, 휴가 이틀째 날 여행이 시작되었다. 주변을 돌아보기로 하고 숙소를 나와 백합골이란 식당에 들러 삼색 바지락 손칼국수와 백합죽으로 간단한 식사를 마치고 가까운 곳에 있는 내소사를 돌아보기로 했다. 전북 부안에 있는 내소사는 변산반도 여행 시 꼭 가보아야 하는 곳으로 소문난 곳이라 하여 내소사를 돌아보기로 하였다.

대부분의 사찰은 가을이 여행 최고의 시기로 여기지만 내소사는 전나무 숲길이 가장 청정함을 유지하는 때가 여름이기 때문에 여름이야말로 내소사를 돌아보기에 가장 적합한 시기라 한다.

비밀스러움을 간직한 일주문을 지나 내소사가 자랑하는 전나무 숲길을 따라 올라가니 어느 스님의 설법이 스피커를 타고 흘러나왔다. '한 부모는 열 자식을 보살피지만, 열 자식은 한 부모를 보살피지 않고 있으니 돌아가신 후에 후회 말고 살아계실 때 잘하라.'라는 말씀이었다. 음악처럼 들리는 법문을 들으며 어느 정도 걸어 올라가니 탄허 스님이 쓰셨다는 비문이 있고 해안 스님의 부도가 있었다. 부도전 앞에는 대장금 드라마 촬영지였다는 정갈하게 조성된 연못이 있었고 연잎이 물 위를 살포시 덮고 있었다.

무시무시한 인상의 사천왕이 있는 천왕문을 통과하니 절의 느낌이 물씬 나는 경내를 마주할 수 있었고 우리들의 앞을 가로막는 수령 1000년 보호수가 우리들을 반겨 주었다. 이 보호수는 조선 철종 때 이곳으로 옮겨왔다고 한다. 거대한 동종은 고려 고종 9년에 변산 청림사에서 만들어졌다 하고 사대부집 안채의 모습과 닮은, 승려들이 거처하는 요사채가 있고 범종각에는 범종, 목어, 법고, 운판(절에서 달아놓고 신호로 특히 식사 시간 등을 알리기 위하여 치는 청동이나 쇠로 만든 금속판) 4물이 있었다.

주변을 둘러보면서 위쪽으로 올라가니 맨 위쪽에 있는 대웅보전 꽃살문 - 아름다운 문화재가 우리 일행을 반겨주었다. 사진 촬영은 금지라는 표지판이 있었지만 나는 무시하고 촬영을 시도하다 지키는 분한테 혼이 나고 말았다. 못 하나 쓰지 않고 모두 나무를 끼워 맞춰서 만든 조선 후기의 대표적인 건축 양식이라는데 나는 기둥 사이를 자세히 들여다보니 밖이 훤히 보여 겨울에는 참 춥겠구나! 하는 생각을 했다. 해바라기, 연꽃, 국화 등 섬세하게 조각된 꽃살문의 아름다움은 한 편의 작품 같았다.

우리 일행은 경내 이곳저곳을 둘러보고 내소사를 나와 다시 숙소 근처로 왔다. 아이들은 바닷가에서 물고기도 잡고 작은 게도 잡고 남편과 나는 바닷가 주변을 둘러보았다.

저 건너편 성처럼 웅장하게 산 하나를 다 차지한 것처럼 보이는 건물에 대명리조트라는 상호가 큼직하게 보였다. 먼 곳에서 보아서 그런지 가까이 가보기로 하고 남편과 나는 한참을 걸었다. 가까이 가니 참으로 웅장하고 큰 건물이었다. 건물 1층에는 놀이시설부터 먹고 마시는 모든 시설이 모두 갖추어져 있었다. 참 돈만 있으면 좋은 세상이구나! 돈들 좀 많이 쓰고 가겠구나! 하는 생각을 하고 바다 갈매기들이 머리에 앉아 똥을 싸는 노을공주를 앞에 두고 해넘이 채화대 위에서 노을을 바라보며 변산반도의 저녁을 맞이했다.

어둠이 찾아오자, 아이들이 불꽃놀이를 하자고 하여 폭죽을 샀다. 라이터로 불을 켜 폭죽에 대니 하늘 높이 불꽃이 솟아오르는 것을 보며 나는 아이들처럼 즐거워했다. 오늘만큼은 모든 일상의 시름 다 잊고 동심으로 돌아가 아이들과 같이 재미나게 놀아야지 하는 마음이었다.

이야기가 있는 변산반도의 여름휴가 이틀째의 저녁을 맞이했다. 아이들은 오늘 저녁은 해물이 아닌 육식을 먹고 싶다고 했다. 그리하여 삼겹살 식당으로 목적지를 정하고 밖으로 나갔다. 주변에는 온통 해산물 식당이 줄을 이어 어서 들어오라고 손짓했다. 어둠이 내렸는데, 가느다란 불빛 사이로 무엇이 움직이는 물체가 좁은 길에서 움직이는 것이 보였다. 이 어둠에 무엇이 기어다니지? 궁금하여 불빛을 비추어

보니, 작은 게들이 바다에서 기어 나와 아마 길을 잃은 모양이다. 이곳저곳으로 기어다니며 바다를 찾는 것 같았다.

"아니 애들은 물이 없어도 괜찮은 모양이야. 왜 이렇게 나와서 돌아다니지!" 아들과 나는 신기하여 한참을 바라보다 삼겹살 식당으로 향했다. 나는 역류성 식도염이 있는지라 저녁에는 육식을 잘 먹지 않는다. 그리하여 처음에는 고기는 먹지 않아야지 생각했는데, 아이들이 아주 맛이 좋다고 하여 한 점 두 점 먹기 시작했다.

우리가 살고 있는 대전에서와 다르게 특수한 방식으로 고기를 1차 구워 나와 앞에 있는 테이블에서는 데워 먹는 형식인데, 기름도 튀지 않고 돼지고기의 특수한 냄새도 나지 않고 질기지도 않고 참으로 맛이 좋았다. 좀 과하다고 생각될 정도로 먹었는데도 기분 좋게 먹어서인지 밤에 역류성 식도염도 포근히 잠을 잤다.

다음날 휴가 마지막 날이다. 우리들은 짐을 챙기고 점심은 맛있는 군산에서 유명한 꽃게장 요리를 먹기로 했다. 딸은 자기 차로, 내 차에는 아들과 남편이 올 때처럼 타고 출발했다. 얼마를 달리고 달려 드디어 약속한 군산시 조촌동에 있는 궁전 꽃게장 본점 식당에 도착했다.

어느새 딸은 도착하여 식당 주인처럼 우리들을 맞이했다. 낳은 것이 엊그제 같은데, 아장아장 걸어 다니는 모습이 아직도 눈앞에 선한데, 어느새 성인이 되어 자기 마음대로 운전하여 가고 싶은 곳을 마음대로 다니고, 참 세월이 유수 같다는 말이 다시 한번 실감나는 순간이었다. 정갈하게 나온 꽃게 정식은 참으로 먹음직스럽고 푸짐했다. 가격 또한 만만치 않았지만 무시하고 맛있게 먹기로 했다. 우리 가족은 모두 맛 좋고 질 높은 점심 식사를 즐겼다.

뜻있는 가족 여행 여름휴가 마지막 날의 태양은 서산으로 기울고 우리들은 각자 떠나온 곳을 향해 출발했다.

한산도를 다녀오다

　아침 일찍부터 종종걸음을 한다. 오늘은 동구문학회 문학기행의 날이다. 연중행사인 오늘의 문학기행은 우리 문학회의 큰 행사이다. 충무공 이순신 장군의 얼이 숨 쉬고 있는 한산도 제승당과 유치환님의 시어가 봄바람에 한들거리는 청마문학관을 돌아보기로 하루의 일정을 정했다.
　오늘의 문학기행 참가자 15명 모두 저마다의 아름다운 시어를 낚으러 부푼 가슴을 안고 예정된 일정에 맞추어 출발지인 집결지로 모였다. 큰 수술을 하신 지 얼마 안 되는 동구문학회 회장님께서도 일정을 함께하신다고 하여 긴장되는 문학기행의 일정이었다.
　약속된 시간에 집결지에 모인 우리들은 부푼 가슴을 안고 고속도로를 달렸다. 차창 밖의 풍경은 그야말로 신록의 여왕 5월 그 이름이 아깝지 않은 초록으로 온 산하는 푸르게 푸르게 춤을 추었다. 고속도로

변 늘어진 등나무 넝쿨에는 연보랏빛의 아름다운 꽃이 주렁주렁 매달려 있다. 오른쪽 도롯가에는 감기가 전문인 등나무는 짙푸른 잎을 잔뜩 펼쳐 한여름의 뙤약볕을 피할 수 있는 그늘을 만들어 준다. 등나무꽃이 고속도로변의 풍경을 더욱더 장관으로 펼쳐 놓고, 이팝나무꽃은 무더기로 곧 쏟아져 내려 환상의 꽃길을 걷는 듯 꿈결 같았다. 산 중턱까지 하얗게 빛을 발하고 향기를 뿜어내는 아카시아꽃은 내 유년의 추억을 흠뻑 안아다 준다.

이런저런 생각에 잠겨 있는 사이 우리들의 차는 첫 번째 목적지인 청마 유치환님의 문학관에 도달했다. 경사가 가파른 바다를 앞 조망으로 펼쳐진 유치환님의 생가는 돌계단으로 꾸며져 있었다. 회원들 모두 연세가 좀 있는 터라 약간의 가쁜 호흡을 내쉬며 우리 일행은 임의 생가에 올랐다.

대나무로 엮은 대문을 지나 안으로 들어가니 마당 첫머리에 절구통 하나가 덩그러니 놓여 있는 것이 참으로 인상적이었다. 툇마루 기둥에는 환약 자루가 주렁주렁 매달려 있었다. 누가 말해주지 않아도 부모님이 한약방을 했다는 것이 눈으로 보여 추측이 가능했다. 열려 있는 정지 안을 들여다보니 간소한 주방 살림, 황토 부뚜막 위엔 먼지 쌓인 가마솥 2개가 걸려있고, 앉은뱅이 두레 밥상 위에는 주둥이가 작고 목이 가는 막걸리병과 그릇 2개, 선반에는 사기그릇 몇 개가 가지런히 엎어져 있었다. 놋그릇 몇 개, 물동이 두어 개, 간장 종지 두어 개, 사랑채 역시 간소한 이부자리 두어 채, 벽에 걸린 횃대에는 누런 삼베옷 두어 벌이 걸려 있었고, 헛간으로 보이는 곳에는 농기구가 몇 점 놓여 있고, 나락 가마니 두어 개와 광주리, 빗자루, 삽 등이 우리나라의 그 당시 생활상을 엿볼 수 있게 했다. 임의 생가를 둘러보고 나오는데 마당 가운데 덩그러니 홀로 서 있는 절구통은 옛 주인을 기다리는 듯이 외로이 자리하고 있는 것이 애처롭기까지 하였다. 빡빡한 일정 관계로 서둘러 문학관을 나오면서 문학관 온 기념으로 유치환님의 자작시 『구름에 그리다』 해설집 한 권을 샀다.

우리들의 일행은 통영 광도횟집(회 정식집)에서 점심을 먹기로 예약되어 식당에 들어서니 회 정식이 푸짐하게 차려 있었다. 귀한 전복, 대하 등 우리들 입맛을 돋을 온갖 해산물이 어서 오라며 반갑게 반겨주었다.

바다향이 가득한 점심 식사를 마치고 예약된 한산도 파라다이스호 여객선 시간을 맞추기 위해 우리들의 버스는 전속력으로 질주하였다. 달리고 뛰어 여객선 터미널에 도착하니 이미 예정된 2시 배는 출항해 버렸다. 5분 늦게 도착한 것이 실수였다.

한산도 배의 출항은 1시간 간격으로 출항했다. 우리들은 대합실에서 각자 나름대로 휴식을 취하면서 기다렸다. 드디어 한산도 제승당으로 출항하는 배가 항구에 도달했다. 1층에는 자동차도 실을 수 있는 좀 큰 배였다. 배에 오르려니 갑작스레 세월호 생각이 나서 몸이 오싹하였다. 작은 공포감이 몰려왔다.

그러나 이런 생각도 잠시, 여러 명의 관광객이 환호성을 치며 배에 오르니 나도 모르게 신이 나서 콧노래를 부르며 배에 올랐다. 좌석이 있는 2층에 자리를 하니 공기가 좋지 않았다. 기름 냄새도 좀 나고 해서 뱃멀미를 할 것 같았는데, 회원 중 한 분이 위층(3층) 옥상으로 올라가면 시원하고 좋다며 가자고 해서 올라가 보니 정말 환상이었다.

시야가 확 트여 주변을 잘 볼 수 있고 상쾌한 바닷바람까지 불어 기분은 더욱 업 되었다. 가지고 온 캔 맥주와 오징어포를 안주 삼아 한잔하니 그야말로 환상의 뱃놀이였다. 가는 동안 바다 한가운데에 우뚝 솟아 혀를 쭉 내밀고 있는 거북바위 등대는 참으로 인상적이었다. 멀리 산 위에 거대하게 지어진 리조트 건물은 웅장한 하나의 성 같았다. 이런저런 이야기와 주변의 절경을 구경하는 사이 우리들이 탄 배는 한산도 제승당 항구에 도착했다. 관광으로 섬을 자주 와보지 않아서 인지 섬이라고 생각하면 나에게는 미지의 나라처럼 느껴졌다.

우리 일행은 항구에서 내려 삼삼오오 짝을 지어 이런저런 이야기로 꽃을 피우며 제승당을 향해 걸었다. 해안가 옆 산에는 수천 년 묵음 직한 적송이 그야말로 장관을 이루고 있어 보는 이들의 마음을 흐뭇하게 하였다. 바다의 향에 취하고 적송의 향기에 취해 피곤함도 있은 채 하하 호호 웃으며 제승당을 향해 걸었다.

조금 더 가니 모형으로 만든 작은 거북선이 전시되어 있었고 이순신 장군께서 군사들과 함께 사용했던 우물도 잘 보존되어 있었다. 나는 호기심이 발동하여 밑으로 내려가 우물 안을 한번 들여다보았으나 어두워서 깊이를 가늠할 수 없었다. 이 우물은 바다에 가깝지만, 짠맛이 전혀 없는 것이 특징이라고 안내판에는 설명되어 있었다.

대첩문 앞에 충무공 정신이라 적혀 있는 비석을 볼 수 있었는데
 1. 멸사봉공의 정신
 2. 창의와 개척정신
 3. 유비무환의 정신

이란 비석이 자리하고 우리 일행을 맞아주었다. 모형의 포졸들이 양옆에서 수호하는 대첩문(大捷門) 앞에서 포졸 옷을 입은 모형과 사진 한 장면을 남기고 우리들은 대첩문(大捷門) 안으로 들어갔다.

약간 가파른 진입로를 지나 좀 올라가니 가파른 계단 위에 '충무문 정숙'이라는 표지판이 보였다. 우리들은 숨을 헉헉대며 충무문 안으로 들어갔다. 넓게 펼쳐진 바다가 한눈에 들어왔다. 이순신 장군께서 학익진 전법을 써서 적들을 완전히 박살 낸 한산 대첩을 치른 바다가

흐려졌던 시야를 확 트이게 했다. 우리들은 나가는 배 시간을 맞추기 위해 석양을 뒤로 두고 빠른 발걸음을 재촉하여 제승당을 나와야 했다. 시간을 따로 내어 자세하게 둘러보았으면 하는 아쉬움을 남긴 채 기약 없는 혼자만의 약속을 하고 제승당을 나가는 배에 몸을 실었다.

* 학익진 전법 : 학이 날개를 편 듯한 모양으로 치는 진.

군산으로의 여행

 2018년 5월 26일 동구문학회 문학기행의 막이 드디어 올랐다. 20여 명의 우리 회원들은 작품이라는 대어를 낚으러 25인승 버스에 화기애애한 얼굴로 서로에게 인사를 청하며 탑승했다.
 오랜만에 일상에서 벗어나 벅찬 마음으로 다작의 작가로 알려진 채만식님의 문학에 젖어 들기 위해 부푼 가슴으로 달리는 차창 밖을 응시하며 채만식님의 작품이 유명세에 오르던 1930~40년대의 우리나라 생활상을 그려보았다. 힘없는 우리나라 여자들의 운명, 상놈과 양반이 존재하는 시대, 계급이 존재하는 시대의 생활상, 우리나라의 역사적 이야기가 담긴 작품들을 남기신 임의 문학관은 조그마하고 한적한 시골 마을 금강가에 자리 잡고 있었다.
 우리들은 임의 문학관을 한 바퀴 둘러보고 2층으로 올라가 임의 일생을 5분짜리 짧은 슬라이드로 볼 수 있었다. 임이 친일 작가라는 우리 회원의 말에 놀라며 후에 임이 왜 친일 작가라는 꼬리표가 붙었는지 찾아보니 일제 강점기하에서 어려운 가계 때문에 일제가 주체한 강연회 등에 참석한 일에 대하여 자신을 민족의 죄인이라고 반성했다는 글이 있었다. 이 때문에 친일 작가라는 꼬리표가 붙었는지 모르지만 참으로 안타까운 마음으로 임의 문학관을 나와야 했다. 문학관 앞, 임의 작품 유언 문 중에서 '나거든' 이란 작품 앞에서 겸허한 마음으로 다소곳이 앉아 스마트폰에 추억 한 장면을 남겼다. 작은 시간을 쪼개어 일정을 정하였으므로 한곳에서 오래 머무를 수 없어 자세한 것은 각자 알아보기로 하고 다음 일정지로 우리 일행은 서둘러 출발해야 했다.

새만금 군산 비홍항에 도착하여 점심 식사를 하였다. 싱싱하고 두툼하게 썬 생선회, 입안에서 감칠맛에 아마도 나의 장기들이 합창을 불렀을 것이다. 든든하게 허기진 배를 채우고 밖으로 나와 건어물 가게에 들르니 신선도 높은 바다 건어물들이 참으로 많이도 쌓여 있었다. 난 전에부터 사려 했던 볶는 멸치와 조금 더 큰 고추장 찍어 먹는 멸치를 사고, 맛이 제일 좋고 바다에서 일 년 중 15일밖에 채취가 안 된다는 곱창 김을 샀다. 새만금 간척지에서 사진 몇 장에 추억을 담고 선유도로 향했다.

선유도는 전라북도 군산시 옥도면에 속하는 섬으로써 면적 2.132 ㎢, 해안선 길이가 12.8㎞나 되고 섬의 경치가 너무 아름다워 신선이 놀았다 하여 부르게 된 섬이라 한다. 우리들이 선유도에 들어서니 바닷가에서는 아름다운 노래와 음악이 흘러나오고 사람들은 한가로이 바닷가 모래 위를 걷고 있었다.

가슴을 조이고 눈을 의심하게 하던 장면은 이쪽 섬에서 저쪽 섬까지 가느다란 줄 하나에 의존해서 강을 건너는 모습이었다. 너무나도 긴장되고 아슬아슬해 보였지만 스릴 만점일 것 같았다. 백사장을 거닐며 아름다운 발자국과 추억을 남기고 아름다운 음악을 뒤로한 채 우리들은 다음 목적지(임피역사)로 향했다. 국가 등록 문화재 제208호 군산 선로 역사로 1936년경에 건립된 것으로 보이며 당시 농촌지역 소규모 간이역사의 전형적 건축양식을 볼 수 있었다. 시간이 멈춘 곳, 지금은 운영하지 않는 폐역 임피역은 일제 강점기에 이 주변 지역에서 나는 쌀을 수탈하여 일본으로 더 많이 가져가기 위해 일본인들이 지은 슬픈 역사를 지닌 곳이다.

　채만식 소설을 모티브로 한 아주 사실적인 조형물들이 여기저기 많이 있고 여러 모습의 장승들이며 솟대, 아이들의 놀이터가 된 멈춰 선 기차, 나도 서 있는 기차 안을 아이들처럼 호기심 어린 마음으로 오르내려 보았다. 안에는 전시관인데 문이 닫혀 있어서 보지는 못했는데 그 안에는 임피역과 군산의 근현대사 이야기가 적혀 있다고 한다. 임피역 비문에는 김중수님의 가슴 저리는 글이 우리들을 맞이하여 주었다.

임피역
김 중 수

여기 임피역
유년의 그림자 눈에 어려 온다

동쪽 철길가 언덕
소작농 땀 배어든 볏가마
수탈되어 철마에 실려갔던 자리

굶주린 배 성난 눈초리

임피, 서수에서 남산재를 넘어온
외마디소리 휘몰아쳤던 날

그 날의 임피역
이제 역사의 횃불로 타오른다

   시간을 잃어버린 마을, 거꾸로 가는 시계, 서민들의 애환이 서린 막걸리 한 잔으로 애환을 달래는 사실적인 조형물, 일제의 수탈에 항거한 옥구농민항일항쟁을 우리 일행의 한 분(양동길님)이 큰소리로 낭독하여 회원들은 숙연한 자세로 가슴에 새겼다. 옥고를 치른 34인의 항일 투사들의 비문을 읽으며 독립 유공자로 서훈 받은 18인의 애국지사님 중의 1인이 우리 동구문학회 회원 중 1인의 아버지이셨다는 사실에 다시 한번 놀라움을 감추지 못하며 독립 유공자의 후손과 같이 문학 활동을 하고 있다는 사실에 나까지 독립 유공자가 된 것 같은 자부심이 들었다.
   일제 강점기에 곳곳에 이런 독립 유공자님들의 힘겨운 싸움이 있었기에 지금 우리나라가 이렇게 지탱되고 있는 것인지도 모른다고 생각하니 그분들 애국지사님들에게 다시 한번 숙연한 마음으로 감사드렸다. 우리 회원님들은 그늘진 원두막에 자리하고 시원한 수박을 한 통 잘라먹으며 지난 슬픈 역사를 생각하며 국력이 약했던 우리 민족의 슬픈 역사를 안타까워했다.
   군산시는 곳곳에 역사적인 문화재가 아주 많은 곳이었다. 더 많은 역사를 돌아보며 공부하고 싶었지만, 하루의 예정된 일정은 빨리도 지나가고 보람 있는 하루를 마치고 출발지를 향해 자동차의 바퀴는 움직였다.

팔공산 갓바위 산행

 2017년 5월 28일 푸르름으로 손짓하는 산하, 녹색의 산소를 가슴에 담으려 세 명의 여인은 팔공산 산행에 올랐습니다. 판암동에서 팔공산 갓바위 주차장까지는 4시간 가까이 가다가 휴게소에서 쉬어 휴식을 취하면서 서두르지 않고 여행 삼아 천천히 도로를 달렸지요. 모내기를 끝낸 오월의 들녘은 풍년을 약속하고 먼 산의 녹색의 나뭇잎은 피곤한 눈을 마사지하면서 일주일의 피곤함을 서서히 풀면서 우리는 기분 좋은 이야기꽃을 피웠지요.
 여인들의 수다에 시간은 흘러 어느 사이 우리들을 실은 차는 팔공산 갓바위 주차장에 도착하고 갓바위 부처님을 만날 만반의 준비를 마치고 산행에 올랐어요. 처음 오르는 곳이 아니기에 어느 만큼 가면 무엇이 있고 어느 만큼 가면 무엇이 있는지 잘 아는 터라 지루하지 않게 이런저런 이야기를 하면서 약사암에 다다라 약수 한 바가지 들이

켜고 다시 갓바위로 향했지요. 우리들의 정성을 갓바위 부처님께서 알아주시어 각자 원하는 소원을 들어주시기를 간절히 바라며 허벅지에 힘을 주고 오르고 또 오르고 이마에는 땀방울이 송골송골 맺히고 등줄기에는 굵은 땀이 흘러 속옷이 흠뻑 젖어 축축했습니다. 이제는 어느 정도 올라 갓바위를 눈앞에 두고 잠시 쉬어가기로 자리를 잡았습니다. 지상으로 나와 굳어있는 나무뿌리를 방석 삼아 자리하고 앞을 내려다보니 저 멀리 은해사라는 절의 아름다운 풍광이 시야를 절경으로 아름답게 수놓았습니다. 우리 세 여인네는 참 이런 아름다운 풍광을 볼 수 있음에 감사함을 이야기하고 다시 갓바위 정상을 향했습니다.

정상의 스피커에서 흘러나오는 속세 떠난 여스님의 염불 소리, 얼마나 독경하셨는지 목소리가 확 트였다고나 할까? 아니면 쉬었다고나 할까. 애처로움인지 안타까움인지 어찌되었든 구슬프게 들렸습니다.

흐르는 땀은 머리를 축축이 적시고 드디어 갓바위 부처님의 얼굴이 보였습니다. 미련한 중생 오늘 또 부처님께 부탁 말씀 올리려고 이렇게 진땀 흘리며 굽이굽이 비탈진 산길을 힘겹게 올라왔습니다. 너무 나무라지 마시고 애타는 마음 가엾게 여겨 소원 들어주심을 간곡히 청하옵니다. 인자하신 미소 한번 보여 주세요. 부처님!!! 정성을 다해 하얀 양초 심지에 불을 붙인다.

온 마음을 모아 기도드리고 올라갔던 길로 다시 내려오는 발걸음을 재촉했습니다. 늘 다니는 길로 내려오다가 오늘은 가보지 않은 다른 길로 내려오기로 하고 용덕사라는 팻말이 보이는 사찰 쪽으로 길을 바꾸었습니다. 얼마를 가니 용덕사라는 이정표와 천년 약수라는 이정표가 나왔습니다. 조금 더 내려가니 아담하고 한적한 용덕사가 나오고 산 밑쪽으로는 여러 개의 석등과 함께 부처님의 상이 있었습니다.

용덕사 앞마당을 지나 천년 약수의 이정표를 따라 계단을 내려가는데 작은 알록달록한 다람쥐 한 마리가 우리들을 반기는 듯, 길 안내를 하는 듯 앞장서서 폴짝폴짝 뛰어가며 앞장을 섰습니다. 우리들은 다람쥐를 따라 내려가니 바위틈에서 조금씩 흘러나오는 약수터가 있었습니다. 조그만 조롱박에 물을 받아 쭉 마시니 물맛이 꿀맛이었습니다. 물을 잘 마셨다는 의미로 복전함에 희사하고 천년 약수터를 올라오다 보니 아주 오래된 듯한 산신각이란 건축물이 보여 우리 가족의 건강함을 마음으로 기도하고 대웅전 앞마당을 지나 비탈진 길을 내려오니 용덕사 사찰을 지키고 있는 나무 밑의 백구가 낯선 사람의 인기척에도 깨어나지 않고 축 늘어져 오수를 즐기고 있었습니다. 아마 저를 해칠 사람이 아니라는 것을 알고 있는 듯.

　우리 세 여인은 가벼운 마음으로 주차장으로 내려오니 점심때가 훨씬 넘어 배에서는 시장함을 알리는 소리가 요란스러웠습니다. 서둘러 주차장을 벗어나 팔공산 마지막 코스인 돌 할머니를 들어볼 수 있는 작은 사찰로 향했습니다.

　신기한 돌 할머니다! 소원을 말해서 들어주면 돌이 안 들리고 안 들어주면 돌이 들리는 기이한 현상이 일어나는 신비한 돌을 이름하기를 돌 할머니라고 하는 이름으로 조그만 방에 모셔놓고 체험을 해보는 것인데 신기하게도 소원이 이루어지는 것이었습니다.

　오늘은 내가 되지 않을 소원을 한번 말해 보아야지 마음먹고 소원을 마음속으로 말하고 돌을 들으니, 돌이 번쩍 들렸습니다. 이것은 소원을 들어줄 수 없다는 것인데 내가 생각해도 이루어질 수 없는 부탁인지라 너무나도 신기했습니다. 무슨 소원을 말했는데 돌이 들렸냐고요? 남편이 워낙 술을 좋아하는지라 술을 좀 못 먹게 해달라고 했더니 안 들어 주시는 것이었습니다. 아니 이것은 들어줄 수 없는 것이었습니다. 본인은 술을 꼭 먹어야 하는 줄 알고 있는 사람이고 술을 안 먹는다는 생각을 전혀 해본 적이 없는 사람이기 때문입니다. 술을 끊으려는 의지가 전혀 없는 사람이기 때문입니다. 그러니 돌 할머니인들 어찌 이것을 해결해 줄 수 있을까! 안 되는 줄을 알면서도 한번 부탁해 본 답답한 심정을 하소연해 본 것입니다.

참으로 돌 할머니는 신기한 분입니다. 마음속으로 하는 말을 어찌 알고 답을 해 주시는지!! 팔공산 일정을 다 마치고 돌아오는 길, 휴게소에 들러 늦은 점심, 야채 비빔밥으로 허기진 배를 달랬습니다.

(2017년 6월 30일)

치매

　치매란 사전에서 찾아보면 의학적으로 정상적이던 지능이 대뇌의 질환이 저하되어 말이나 행동 속도가 느리고 정신작용이 완전하지 못한 것이며 기억장애, 이해력과 계산능력의 저하, 같은 말이나 행동을 계속하는 것 등의 증세가 나타나는 것으로 나온다.
　이웃에 사시는 지인의 시어머니, 젊어서부터 인삼 장사로 평생을, 돈을 벌어 자식들한테 집도 사 주어 부를 축적하게 하셨다. 바로 작년까지만 해도 우리 사무실에 놀러 오시곤 하셨는데 오늘 길에서 만났다. 큰아들이 모시고 있는데, 어느새 나오셔서 작은아들, 딸 집에 오신다고 오셨다. 작은아들 집과 딸 집이 마주보고 있는데, 딸 집은 바로 어제 이사 가고 폐가구들만 집 앞에 어지럽게 놓여 있고 대문은 꽉 닫혀있고 빈집 주위에 헌 천 조각이 있는데 얼른 주워 신주처럼 모셔 놓고 작은아들 집 대문 앞에 앉아 넋을 놓는다.

"왜 여기 앉아 계셔요?"

하니 슬픈 얼굴로

"다 이사 갔나 봐요."

하신다. 눈동자를 쳐다보니 검은 눈동자는 초점을 잃은 듯싶고 흰 눈동자는 허여멀거시다. 조금 있으니, 큰아들이 헐레벌떡 차를 몰고 쫓아와 왜 집에 있으라고 하니까 여기까지 왔냐고, 여기가 우리집이냐고 야단야단하신다. 할머니는 죄인처럼 아무 말씀도 못 하시고, 집 나간 망아지처럼 끌려가신다.

작은며느리한테 전화해서 이야기하니 치매가 오셨는데 평생을 인삼 장사로 늙으셔서 그런지 지금도 인삼 팔러 가신다고 하시면서 며느리한테도 인삼 사라고 하고 인삼값 내놓으라고 하신단다. 평상시 늘 하시던 일이 치매가 걸리시면 더 강하게 하시고자 하는 것이 치매인가 보다.

나도 시할머니를 모시고 살았는데 남의 물건을 훔쳐 오는 치매가 걸려 동네 마트에서 우유도 훔쳐 오고 집 앞 포장마차에서 장사하려고 다듬어 놓은 조기며 음료수며 벗어놓은 옷을 뒤져 돈도 훔쳐 오고 아랫집에 들어가 서랍을 열어 쓸 만하다 싶은 양말이며 옷을 가져오는 것이었다. 단속해도 어느새 나가시는지 계속하여 일을 벌여 애를 먹었었다. 그때는 야속하여 화도 많이 내고 소리도 많이 지르고 했는데, 좀 더 참고 좀 더 잘해 드릴 걸 하는 생각이 들었다.

우리 속담에 한 부모가 열 자식은 키울 수 있지만, 열 자식은 부모 하나를 못 모신다고 하는 말이 있는데, 이 집도 아들, 딸 사형제가 있는데 서로 모시는 것을 미루는 것 같다. 우리의 인생사가 참으로 불쌍하다는 생각에 눈시울이 뜨거워졌다.

'군함도'라는 영화를 보다

　일단 들어가면 살아서는 나올 수 없다는 일본 군함을 닮아 군함도라 불리는 일본 하시마섬, 지옥 섬, 감옥 섬, 우리나라의 슬픈 역사를 담고 있는 섬.
　1940년 800여 명의 조선인이 끌려와 탄광에서 짐승보다 못한 대우를 받으며 강제 노역을 해야 했던 지옥의 섬. 목숨을 걸고 뗏목을 만들어서 육지까지 도망쳤지만, 다시 잡혀 와 피 묻어 나오는 가죽 채찍으로 난타질을 당하여야 했던 우리 조선인들의 가슴 저리는 모습.
　한참 부모님의 관심을 받을 15세 어린 나이에 밥 한 덩이 받기 위해 1천m 깊이 뜨거운 갱도 안 막장 탄광 밑바닥에 발가벗고 들어설 때마다 죽음의 문턱을 오갔던 조선인들, 여자와 어린아이까지 강제로 데려가 노예보다 못한 생활을 해야 했던 조선인들의 참혹함.
　일본은 미국과의 전쟁에서 질 것이 예상되자 군함도에서 조선인들에게 저지른 만행을 은폐하기 위해 이곳에 있었던 일을 기억하는 조선인들이 한 사람도 남아있어서는 안 된다고 하여 갱도 안에 모두 매몰시키려 했던 잔인한 일본인들이었다. 군함도 2015년 유네스코 문화유산으로 등재됐지만, 여전히 강제징용 역사를 알리겠다는 일본의 약속은 지켜지지 않고 있는 현실이다.

아무리 영화라 해도 난 너무나 분개해 일본의 만행에 다시 한번 치를 떨어야 했다. 가슴속에서 복받쳐 오르는 분노를 삭일 수가 없어 저놈 죽일 놈!! 저놈 죽일 놈!! 소리까지 내면서 분개했다.

내가 더 분노하게 된 것은 어릴 때 친정아버지의 말씀이 생각나서인지 모른다. 아버지도 강제징용에 끌려갔다 오신 분이시다. 내가 16살에 돌아가셨으니, 그전에 들은 이야기로는 기차를 타고 북으로 밤낮없이 한 일주일쯤 간 것 같다고 하셨다. 끌려간 곳은 아오지 탄광, 그곳에서 고된 노동을 하시다 8·15해방이 되고야 돌아왔다고 하셨다. 아버지께서는 일본인들이 참으로 잔혹하게 일을 시켰다고 하셨다. 영화를 보는 도중 돌아가신 아버지 생각에 난 솟아오르는 감정을 누르지 못하고 눈물을 흘려야 했다.

겉으로는 천사처럼 조선인을 위하는 척하지만, 조선인을 기망하고 일제의 앞잡이로 행동하는 배우 윤학철 역에 이경영, 1945년 반도 호텔 악단장이자 어린 딸 소희를 지키려는 부성애가 빛나는 강옥 역에 황정민, 종로 일대를 주름잡던 주먹 최칠성 역에 소지섭, 일제 치하에서 온갖 고초를 겪어온 말년 역에 이정현, 깜찍하고 발랄한 연기로서 흥미를 더한 어린 소희 역에 김수안, 광복군의 주요 인사를 구출하기 위해 군함도에 잠입한 OSS 소속 광복군 박무영 역에 송중기 등의 베테랑 유명 배우들의 열연으로 영화는 더욱 실감났다.

신륵사를 다녀오다

2017년 5월 5일, 오늘은 동구문학회 문학기행의 날이다. 아침 일찍부터 우리들은 달리고 달려 크나큰 연등이 줄을 이은 신륵사 불이문에 다다른다. 초파일이 막 지나서인지 신륵사는 온통 연등으로 물결을 이루어 뭇 중생들의 미개함을 일깨워 주듯 너울너울 춤을 추었다.

불이문을 지나 좀 안으로 들어가서 보물 제225호이고 2층의 기단 부위에 다층의 탑신부가 있고 기본적인 구조는 신라나 고려의 양식을 따르고 있는 다층석탑이 손짓하는 경내를 지나 법당으로 향했다. 인자하신 부처님께 큰절로 3배 올리며 전생부터 지어온 두터운 업장 소멸하기를 기원하였다.

일행이 있어 마냥 법당 안에 있을 수는 없고 해서, 법당 안에서 나와 뒤쪽으로 올라가니, 암벽 위에 건립된 것으로 지대석 위에 화강석으로 된 7층의 기단이 있고 기단 위에 탑신부의 받침을 마련한 신라시대의 전탑 양식을 따른 것으로 보이는 보물 제226호인 다층 전탑 앞에서 일행들이 모여 있었다. 난 여기저기 일행들과 같이 경내를 돌아보고 이곳저곳을 스마트폰으로 촬영하였다. 자세히 살펴보려면 하루 일정으로는 너무나 부족한 시간이었다. 대강대강 징검다리 건너듯 살펴보고 우리 일행은 남한강 기슭에 아슬아슬하게 나옹 선사의 호를 따서 지은 강월헌이란 정자 밑으로 모였다.

우리 일행 말고도 많은 관광객들이 다양한 모습으로 구경하고 있었다. 도자기 축제에 나와 신륵사까지 둘러볼 수 있어 참으로 좋은 관광 코스라는 생각이 들었다.

우리 일행은 가져간 다과를 나누어 먹으며 각기 다양한 소재로 흥미를 유발했다. 각자의 소질대로 노래하는 사람, 시 낭송을 하는 사람, 재미나는 이야기보따리로 많은 사람들의 웃음보를 터트리는 분, 참으로 소질도 재능도 많은 우리 일행이었다.

어느 정도의 약속된 시간은 흐르고 주변을 깨끗하게 정리하고 모두 각자의 짐을 챙겨 일어났다. 모두 아래로 향하는데, 나는 아까 보지 못한 작은 비석 하나를 더 보려고 위로 향해 바위를 기어 올라갔다. 어느 정도 기어 올라가서 이제는 강월헌의 정자 마루를 다 지나왔거니 싶어 고개를 들었더니 갑자기 눈에서 번갯불이 뛰었다. 머리를 어찌나 세게 부딪쳤는지 잠깐 정신이 없었다. 성미 급한 것이 이곳에서도 나타나는 것 같았다. 한참 동안 부딪힌 머리가 어찌나 아픈지 자꾸 손이 갔다.

한참을 걸어 남한강의 황포돛배에 탑승하게 되었다 모두 구명조끼를 입고 탑승을 하는데, 갑자기 세월호 사건의 악몽이 되살아나 몸이 움츠려졌다. 하지만, 이 악몽도 잠깐 시원한 강바람을 온몸으로 안으며 아름다운 음악 소리 벗삼고 절벽 위의 아슬아슬한 정자를 감상하며 회원들의 건강한 웃음이 그동안의 스트레스를 시원하게 날렸고 배는 유유히 흐르는 강물 위에서 제 할 일을 충실히 했다.

우리들은 황포돛배에서 내려 도자기 축제장을 둘러보았다. 난 강월헌의 정자 밑에서 일어나다 찧은 머리가 아파 한동안 통증에 시달려야 했다. 우리 일행은 각자 짝을 지어 도자기 축제장을 둘러보는데, 김치 명인이 사용하던 '확'이 눈에 띄었다. 난 주저 없이 제일 예쁘게 생긴 것을 골라 하나 사고 둘러보니 다양한 생활용품의 도자기가 너무 많아 감탄의 찬사를 보냈다.

우리들은 늦은 점심을 먹으러 예약해 놓은 여주 '쌀밥연잎황태정식' 집으로 향했다. 늦은 점심이어서인지 잘 차려진 정식을 보니 누구의 눈치도 보지 않고, 내가 좋아하는 더덕무침과 잡채에 젓가락이 갔다. 모든 반찬은 수준급이었고 우리 회원 모두도 맛있는 식사로 허기진 배를 살찌웠다.

우리 일행은 여주 박물관 민화 전시실에도 들러 한국 민화에 대해 감상하며 모든 작품에 대해 찬사를 보냈다. 전시품이 많이 있었지만, 시간 관계상 빠른 속도로 둘러보니 머릿속에 각인된 것은 많지 않았다. 다음에 시간 나면 다시 한번 차분하게 관람하고 싶은 마음을 남기고 전시실을 나왔다.

우리가 이렇게 쉽게 말하고 글을 쓸 수 있게 한글을 창조하신 세종대왕님의 능 앞에서 역사를 되새기며 살아있음에 감사하며 임께서 창조하신 발명품들을 짧은 시간에 둘러보고 사진 몇 장으로 모든 것을 담으려 한다는 것은 큰 무리였다. 너무나도 큰 아쉬움을 남기고 우리들의 문학기행은 막을 내려야 했다.

안동 역사 속으로

　진성의 안동역 노래만 수없이 부르고 부르던 곳, 꿈에 부풀었던 안동역이었다.
　우리 동구문학회 회원님들은 벅찬 가슴을 안고 25인승 버스에 몸을 실었다. 차창 밖으로 보이는 풍경은 넓게 펼쳐진 물이 고인 논에선 막 모내기가 끝나 아직 벼들은 자리를 채 잡지 못하였고 유월의 산하는 온통 푸른빛으로 물들었다. 우리 회원님들은 각자 인사를 하고 이런저런 이야기, 첫사랑 이야기, 시 낭송, 노래, 각자 자기의 특기를 살려 자동차 안을 흥미롭게 만들었다.
　한정된 공간에서 이런저런 이야기로 꽃을 피우는 사이 우리들의 버스는 도산서원에 도착하였다. 1,500원의 입장료를 내고, 문화해설사를 대동하고 도산서원 정문에 들어섰다.
　입구에서 오른쪽으로는 강물이 흐르고(안동호) 강 저쪽에는 둥그렇게 쌓아 올린 둑 위에는 정자처럼 지어놓은 고가 같은 것이 나무들로 둘러싸여 작은 성처럼 보였는데 이곳은 '시사단'이란 곳으로 지방 유형문화유산 제33호 지정된 곳인데, 조선 정조 16년(1792년)에 정조 임금이 평소에 흠모하던 퇴계 선생의 학덕을 기르고 지방 선비들의 사기를 높여 주기 위하여 어명으로 특별 과거인 '도산별과陶山別科'를 보인 장소라 한다. 총 응시자가 7,228명이었고, 임금이 직접 11명을 선발하였다고 한다. 지금도 푸르름을 잃지 않고 도도히 흐르는 강물은 그 옛날을 말해주는 듯했다.

  우리들은 해설사의 해설에 귀를 기울이며 서원 안으로 들어섰다. 입구에는 도산서원 성역화 사업의 준공을 기념하기 위해 1970년 12월 8일 박정희 대통령께서 청와대의 금송을 옮겨 심었던 곳이나, 1972년 금송이 고사함에 따라 1973년 4월 동 위치에 같은 수종으로 다시 식재되었다는 금송이 우리 일행을 반갑게 맞이하여 주었다.

  다시 계단을 올라가 퇴계 이황 선생이 농운정사(제자들이 공부하던 기숙사)를 제자들에게 공부에 열중하기를 권장하는 뜻에서 한자의 '工' 자 모양으로 짓도록 하였고, 공부하던 동편 마루를 '시습재'라 하고 휴식하던 서편 마루를 '관란헌'이라 하였다고 한다.

  다시 발을 옮겨 책을 보관하는 서고로, 현판은 퇴계 선생의 친필이 걸려있는 광명실을 둘러보았다. 동서 두 곳으로 나누어져 있으며 습해를 방지하기 위하여 누각 식으로 지었다고 한다.

  (열정)이란 수도가 있었는데, 이곳은 도산서당의 식수로 사용하던 우물로 물이 달고 맑다는 우물로 퇴계가 직접 열정이란 이름을 지었다고 한다. 이 우물은 마을이 떠나도 옮겨가지도 못하고 퍼내어도 줄지 않는다고 한다. 이처럼 무궁한 지식의 샘물을 두레박으로 하나하나 퍼내어 마시듯 자신의 부단한 노력으로 심신을 수양해야 한다는

교훈을 주고 있다. 이곳 도산서당은 퇴계 선생께서 4년에 걸쳐 지으신 건물로 몸소 거처하시면서 제자들을 가르치던 곳이고, 거처하시던 방은 '완락재玩樂濟'라 하고 마루는 '암서헌巖栖軒'이라 하였다고 한다.

우리들은 이곳 대청마루에 일렬로 죽 걸쳐 앉아 해설사의 말에 귀를 기울였다. 앞에 있는 담장이 지금은 높아져서 앞에 흐르는 강물이 보이지 않지만 처음 지었을 때는 흐르는 강물을 바라다보면서 공부하였다고 한다.

동재(東齋), 서재(書齋)는 도산서원의 유생들이 거처하면서 공부하는 건물로 지어진 집으로, 서로 마주보고 있는데 동편 건물을 '박약재博約齋' 서편 건물을 '홍의재弘毅齋'라 한다.

전교당典敎堂(보물 제210호)은 서원의 중심이 되는 건물로 조선 선조 7년(1574년)에 건립된 대강당이다. 도산서원(陶山書院)의 사액 현판이 게시되어 있으며, 스승과 제자가 함께 모여 학문을 강론하던 곳이라 한다.

장판각(藏板閣)은 서원에서 찍어낸 책의 목판본을 보관하던 장소이다. 선조 어필, 퇴계 선생 문집, 유묵 언행록, 병서, 도산십이곡 등의 목판 2,790장이 보관되었다가 2003년 5월에 한국국학진흥원으로 이관되었다고 한다.

상덕사는 선생의 위패를 모신 사당인데, 퇴계 선생의 위패와 제자인 월천 조목의 위패가 함께 모셔져 있으며 매년 춘·추(음력 2월·8월)에 향사를 지낸다고 하고, 우리들은 문이 굳게 닫혀 있어 안에는 들어가 보지 못하였다.

우리들은 시간 관계상 도산서원 이곳저곳을 한 바퀴 빙 돌아보는 것으로 만족하고 맛있는 안동 간고등어 정식으로 점심 식사를 하고 안동 하회마을로 향했다. 입구에 막 들어가니 탈춤 공연장이 나왔고,

탈춤 공연이 한창 무르익은 상태였다. 탈춤을 조금 구경하다가 시간이 촉박하여 일행과 마을 안으로 들어갔다. 강가 천변으로 죽 늘어서 있는 소나무들이 참으로 인상적이었고, 강 건너 저쪽은 어느 곳인지 다른 나라인 양 느껴졌다. 건너가는 배가 있었지만, 우리 일행은 시간이 없어 다음을 기약하며 마을을 한 바퀴 빙 돌아보는 것으로 만족해야 했다. 종갓집이란 문 앞에서 인증 카메라 셔터를 누르고 나오면서 하회마을의 전경을 보니, 하회 마을은 낙동강이 S 모양으로 마을을 감싸 안고 흐르는 데서 유래되었다는 표지판이 있었다. 한쪽 저편에선 모내기한 논에 농부 한 사람이 긴 장화를 신고 못다 한 뒷일을 하는 모습이 유년 시절 아버지의 모습을 연상하게 하였다. 우리 일행은 출발 시간을 맞추기 위해 서둘러 하회마을을 나와야 했다.

속리산 법주사로의 여행

두 명의 여인이 2016년 6월 19일 찜통더위를 헤치고 속리산 법주사로 향했다. 하나로 부동산 대표가 운전을 하고 난 운전석에서 차창 밖의 6월의 풍경을 즐기며 이런저런 이야기로 꽃을 피웠다.

흥미롭고 불가사의한 이야기로 실제 있었던 이야기라 하는데, '어떤 사람이 산중에 기도를 하러 가는데 기다란 뱀이 길을 가로막고 있었다고 한다. 그래서 다시 돌아왔는데 지인들한테 이야기를 하니 그런 일이 있으면 절대 기도를 하러 가서는 안 된다고 했다. 그런데 이 사람은 그런 것이 어디 있냐며 다시 가겠다고 하니 지인들이 말렸지만, 지인들의 말을 어기고 다시 산중에 기도하러 갔는데 기도하다가 눈을 떠보니 옆에 웬 예쁜 아가씨가 앉아서 기도를 하는 것이었다. 기도를 마치고 그 아가씨한테 호감이 생긴 이 남자는 본인이 총각인데 호감이 가니 사귀자고 하여 마침 아가씨도 혼자 산다고 하여 데리고 집에 왔는데 집에 와서 옆에 있는 아가씨를 바라보니 조금 전까지 있었던 아가씨가 어디론가 연기처럼 사라지고 말았다. 그런 일이 있고 나서 며칠 후에 이 남자가 원인 없이 죽었다고 한다. 동네 사람들은 그 여자가 사람으로 잠시 나타난 귀신이라 하며 모두 쑥덕거렸다. 그리고 그 남자는 그 귀신 여자가 데려간 것이라고 말들을 했다고 한다.' 믿을 수도 안 믿을 수도, 불가사의한 이야기다.

  6월의 신록은 그야말로 온 산하를 푸르름으로 뒤덮어 놓았다. 오래 전 아마도 몇십 년도 넘은 것 같다. 속리산 법주사에 와본 것이 결혼 전에 아가씨 적에 단짝 친구 안명숙이란 친구와 와본 기억이 나고 날짜는 10월 24일로 생각된다. 몇 년도인지는 모르고 문장대에 올라갔는데 함박눈이 펑펑 쏟아졌던 것이 아직도 머리를 스치며 앞마당 큰 부처님 앞에서 사진을 찍었던 것이 생각난다.

  이런저런 이야기와 옛 추억에 젖는 사이 우리들의 자가용은 드디어 목적지에 다다랐다. 휴일이라 그런지 많은 차가 나들이를 나와 주차장을 메웠고, 주차 요원들은 주차 정리를 하느라고 분주했다. 우리들은 1일 주차 요금 4,000원을 지불하고 주차를 하는데, 멀리 보이는 산 중턱에 45도 각도로 넘어지지 않고 비스듬히 서서 툭 튀어나온 부채 모양의 커다란 돌이 참으로 신기했다. 가까이 가보지는 못했지만 좀 아슬아슬한 모습이 불안해 보였다.

  보고 싶었던 법주사로 향했다. 속리산 법주사를 잠깐 소개해 드리자면 법주사를 중심으로 속리산의 천왕봉과 관음봉을 연결하는 일대 18,590,000㎡를 말하는데 속리산은 해발 1,057미터의 천왕봉을 비롯해 9개의 봉우리가 있어 원래는 구봉산이라 불렀으나, 신라 때부터 속리산이라 부르게 되었다고 한다. 속리산 일원은 대한 8경 중 하나로 제2금강 또는 소금강으로 불리는데 4계절의 변화에 따른 경치와 기암

괴석으로 절경을 이루고 있고, 대·소 사찰이 곳곳에 있어 많은 문화유산을 간직하고 있다고 한다.

속리산의 대표 사찰인 법주사는 553년 의신 조사가 서역에서 불경을 가져와 산세 험준함을 보고 큰절을 세워 법주사라 하였다고 전해진다. 혜공왕 12년 776년에 진표 율사가 대규모로 중창하였으며, 고려 시대를 거치며 현재의 규모를 갖추었으나 정유재란으로 전소되었다. 조선 인조 2년 1624년에 사명 대사와 벽암 대사에 의해 다시 중건되고 보수 증축되어 현재에 이르고 있다. 문화유산으로는 국내 유일의 목탑인 법주사 팔상전 국보 제55호를 비롯하여 쌍사자 석등 국보 제5호를 비롯해 석련지 국보 제64호, 사천왕 석등 보물 제15호, 대웅보전 보물 제915호 등 국보 3점, 보물 제12점, 천연기념물 1점, 도 지정문화재 25점이 소장되어 있다고 한다.

속리산 법주사 일원은 1966년 사적 및 명승 제4호로 지정되었고, 2009년 속리산은 명승으로, 법주사 주변 지역은 사적으로 변경 지정되었으며, 산중에는 복천암, 탈골암 등 11개소의 전통 사찰이 산재하여 있다고 한다.

우리들은 먼저 부처님 전에 불 밝힐 초를 사기 위해 매점으로 향했다. 그리고 보통 절에서는 산신각이란 곳이 있는데 왜 이곳에서는 산신각이 아닌 삼성각이라 이름하였는지 궁금하여 이곳 매점에서 초를 파는 보살님께 물어보았다. 보살님은 친절하게 이야기해 주었다. 보통 절에서는 산신각이라 하지만 이곳에서는 독성 즉 나반존자와 칠성, 산신 이렇게 세 분을 모신 전각이라 삼성각이라 이름하였다고 한다. 삼성각에서 참배하고, 이어 명부전과 진영각도 둘러보고 좀 크고 작은 전각을 우리들은 호기심 어린 마음으로 둘러보았다.

그리고 크고 웅장한 가운데에 있는 법주사 대웅전 보물 제915호

(1987년 3월 9일 지정) 안을 바라보니 많은 사람들이 참배하고 있었다. 우리도 신발을 벗고 조용히 들어가 맨 안쪽으로 갔다. 그리고 세 분 부처님께 3배씩 9배를 올리고 바라보니 각 부처님 앞에는 예쁜 꽃 화분들이 각각 놓여 있었다. 그 꽃 중 가운데 부처님 앞에 놓인 꽃 화분의 꽃이 바람에 흔들리듯 나에게 반갑다는 듯 흔들림으로 다가왔다. 난 참으로 이상하여 눈을 크게 뜨고 다시 바라보아도 계속 나를 향해 흔들고 있는 듯하였다. 후에 알고 보니 그 가운데 앉아 계신 부처님이 법신 비로자나 부처님이신 것이다. 나는 소름 끼치도록 신기했다. 내가 비로자나불 부처님을 모시는 불자라는 것을 어찌 아셨는지 참으로 신기했다.

우리들은 참배를 마치고 밖으로 나오니 어느 사이 점심때가 되었는지 허기를 느껴 배에서는 꼬르륵꼬르륵 소리가 요동을 쳤다. 마당으로 나와 보니 크나큰 보리수나무 아래 의자가 놓여 있었고 사람들은 따가운 6월의 햇살을 피해 그늘에서 쉬고 있었다. 우리들도 잠시 의자에 앉아 가져간 파프리카를 아삭아삭 먹으며 노랗게 피어 우리들을 내려다보고 있는 보리수나무를 바라보며, 아무 데나 흔하게 피어 있는 꽃이 아닌 보리수꽃에 많은 관심을 보이며, 모든 꽃이 땅을 향하고 있음이 참으로 신기했다.

다시 5층 목탑인 팔상전을 둘러보며 금동미륵대불(마당에 큰 부처님)로 자리를 옮겨 아까 구입한 초에 온 마음을 집중하여 소원을 담아 불을 켜고 진심으로 마음을 담아 삼배 그리고 또 삼배를 했다. 그리고 금강문 앞을 바라보니 등산복을 입은 무리의 순례단들이 해설사를 대동하여 들어오고 있었다. 먼 곳에서 바라보니 무엇인지 열심히 설명을 하고 계셨다.

난 일행한테 우리도 저 해설사 있는 곳으로 가서 설명을 들어보자고 하였다. 그리하여 우리도 그 무리와 합류하게 되었다. 나이가 좀 들어 보이는 남자 해설사분은 날씨가 더운데도 땀을 뻘뻘 흘리면서 열심히 설명하고 계셨다. 탁발승과 곡주가 무엇인지 퀴즈까지 내가면서 나는 전부터 들어본 말인지라 쉽게 퀴즈를 풀 수 있었다. 해설사님께서는 대웅전 건물을 가리키시며 보물이라 하시고, 안에는 비로자나 부처님, 노사나불(아미타불), 석가모니불 이렇게 삼 불을 모셔놓았으니, 참배하고 가시라고 하였다.

대웅전에 대해 잠깐 알아보면 1987년 3월 9일 보물 제915호로 지정되어 있으며 이 건물은 신라 진흥왕 14년(653년) 의신 조사가 창건하고 인조 2년(1624년) 벽암 대사가 중창한 것으로 총 120칸 건평 170평 높이 약 20미터에 이르는 대규모의 건축물이며, 내부에는 앉은키가 3.5미터, 허리둘레 309미터의 국내 소조불 좌상으로 가장 크다고 알려진 삼신불이 안치되어 있다. 중앙에 봉안한 불상은 진실로 영원한 것을 밝힌다는 진여의 몸인 법신 비로자나불상이고, 좌측에 안치한 불상은 과거의 오랜 수행에 의한 과보로 나타날 보신 노사나불(아미타불) 상이며, 우측은 중생을 제도하기 위하여 여러 가지 화신으로 나투는 석가모니 불상이다. 대웅보전에 모셔진 부처님은 실내 안존불로서는 대한민국에서는 제일 큰 불상이다. 세 분 부처님을 좀 더 쉽게 설명하면, 우리 사람에게는 정신 즉 마음이 있고, 공부를 하면 지식이 있게 되는, 즉 덕이 있고 사람마다 제각기 육체를 가지고 있다. 사람이면 누구나 다 이 셋을 포용하고 있다. 법당의 가운데 부처님은 마음을, 왼쪽 부처님은 덕을, 그리고 오른쪽 부처님은 육신을 뜻한 것이다. 이렇듯 부처님은 원래 한 분이지만 우리 중생들이 쉽게 이해하기 위해서 세 몸으로 모셔 놓은 것이라 한다.

해설사님은 풍경의 유래도 이야기해 주시고, 야단법석이란 말이 어찌하여 생겨났는지도 유래를 이야기해 주셨다. 더운 날씨인데도 우리들을 위해 세세하게 자세히 이야기해 주시는 해설사님께 감사의 박수를 보냈다. 그리고 나는 부처님의 영험함을 직접 눈으로 확인하고 참으로 종교란, 신이란, 불가사의하다는 것을 직접 눈으로 확인하는 순간이었다.

보이지도, 안 보이지도 않는, 없다고도 할 수 없고 있다고도 할 수 없는 불가사의한 것이 종교인 것 같다. 믿을 수도 안 믿을 수도 없는 종교, 그래도 안 믿는 것보다는 믿는 편이 더 좋지 않을까! 생각이 들었다. 점심시간이 훨씬 지나서인지 배에서는 허기진다고 아우성을 쳤다. 우리들은 간판이 잘 보이는 식당을 찾아 산채정식을 맛있게 먹었다.

부모님 전 상서

 가마솥더위 칠월의 땡볕 아래 아직도 아픈 무릎을 치료하고 계시는지요?

 내 유년 시절 어머니께서는 무릎이 많이 아프고 부종이 심하셨지요. 그래서인지 어머니는 효능을 알고 드시는지 아니면 그냥 드시는지 유독 시골에서 흔히 볼 수 있는 장록 뿌리를 많이 삶아 드셨지요. 난 지금도 들에 나가 장록 잎을 보면 어머니 생각에 눈시울이 뜨거워집니다. 그런데 어머니 묘소 앞에는 장록 나물들이 무리를 이루고 자라고 있네요.

 오곡백과 무르익는 가을, 저녁 식사 잘하시고 기침 두어 번 하시더니 이별의 준비도 없이 어머니, 이승을 떠나신 지 어언 17년입니다.

 어머니 가실 적에 아홉 살 초등학교 2학년이었던 외손자가 이제 국가 공무원으로 사회에 첫 발걸음을 내딛게 되었습니다.

결혼하여 딸만 내리 셋을 낳고, 노심초사하는 맏딸을 위해 산속에서 정성으로 기도드려 주시어 아들을 낳으니, 명성이 높다는 철학관에 가서서 이름까지 지어다 주신 어머니~~~
　그 외손자가 첫 월급을 받았습니다. 어머니의 은혜 백만분의 일이라도 갚을 길 없어 삼복더위에 내 키보다 더 큰 잡초 헤치며 어머니 산소 앞에 왔습니다.
　사랑하는 외손자가 정성으로 술 한 잔 부어 올리니, 맛있게 드시옵소서. 어머니~ 아버지~

2016년 7월 31일 맏딸 올림

생거진천을 찾아서

　입추 지나고 말복도 지났는데 더위는 꺾일 줄 모르고 목까지 숨이 차오른다. 여러 사람이 움직여야 하므로 의논 끝에 광복절로 날짜를 정했다. 봄에 가야 하는 문학기행이지만 '메르스'의 여파로 부득이 이 더위에 가게 되니 더위와 싸워 이길 수밖에 없다.
　기행지는 (생거진천, 송강 정철 유적을 찾아) 충북 진천으로 향했다. 꿈이 실현되는 문화 교육도시 생거진천의 기행.
　충청북도 중북부에 있는 진천은 예로부터 수해, 한해가 없는 천혜의 자연환경과 비옥한 농토, 후덕한 인심 등으로 '생거진천'이라 불려 왔다. 사계절 특징이 뚜렷하면서도 오염되지 않은 산하는, 계절별 아름다움을 만끽할 수 있는 최적의 고장으로 진천을 꼽는데 주저함이 없게 한다. 언제 어느 때라도 순수하고 아름다운 자연으로 맞아주는 곳, 그곳 바로 진천으로 향했다.

처음으로 도착한 곳이 진천 농다리. 충청북도 유형 문화유산 제28호로 진천군 문백면 구곡리에 있다. 이 다리는 굴티마을(구곡리) 앞을 흐르는 세금천에 놓인 것으로 크고 작은 돌로 아무렇게나 놓인 듯하지만, 과학적으로 놓인 돌다리를 보고자 더위에도 많은 사람들이 모여들었다. 문헌에 따르면 고려 초엽 시대의 권신, 임 장군이 세웠으며, 붉은 돌로서 음양을 배치하여 28수에 따라 28칸으로 지었다고 기록되어 있으며 총길이는 약 98미터 정도로서 사력 암질의 돌을 물고기 비늘처럼 쌓아 올려 교각을 만든 후, 긴 상판석을 얹은 돌다리이다. 장마에도 유실됨이 없이 견고하게 유지되고 있는 특수한 구조물이다. 진천 농교는 국토해양부에서 주관한 "한국의 아름다운 길 100선" "한국의 아름다운 하천 100선"에 선정되어 자연경관으로도 우수성을 인정받은 명소이다. 아쉽지만 일제 강점기에 28칸 중 4칸을 헐어 현재는 24칸이다.

우리들은 우선 이 더위를 이기고 제대로 현장 답사하기 위해서는 힘의 원천인 밥을 먹기 위해 진천에서 유명한 오리고기 전문인 '은행나무집'이란 식당을 찾았다. 입구에서부터 솟대가 줄을 선 이 식당은 우리들의 차가 도착하자 인심 좋게 생긴 주인인 듯한 아저씨가 좇아 나와 주차할 곳을 안내했다.

식당 안으로 들어서자, 창가 쪽으로는 여러 모양의 솟대가 아름다운 풍경으로 눈을 즐겁게 해주었다. 우리들은 맛있는 오리주물럭에 갖가지 반찬들로 식사를 마치고 어지럼을 동반하는 농다리를 건너 용고개(살고개) 성황당을 지나 용이 승천한다는 시원하게 펼쳐진 초평호 앞에 다다랐다.

호수의 맑은 공기를 마시며 신혼부부처럼 아름다운 옷을 입은 젊은 한 쌍을 부러운 눈으로 바라보며 괜한 말로 웃음을 던지기도 했다. 시원한 초평호의 바람으로 숨 쉬며 하늘다리를 보기 위해 바지를 둥둥 걷어 올리고 흐르는 땀을 훔치며 우리 일행은 이런저런 이야기로 이야기꽃을 피우며 보이지 않게 펼쳐진 수변 데크길 코스를 헐떡이며 걸었다. 공중에 매달아 놓은 듯싶은 하늘다리, 이 다리를 설계한 분과 과학의 힘에 무한한 찬사를 보내며, 흔들리는 다리를 조심스레 건너 아이스크림 하나로 목마름을 해소하고 초평호의 신비함에 감탄의 찬사를 보내고 우리들은 왔던 길을 다시 돌아와 급경사 진 농암정에 오르니 온몸은 땀으로 흠뻑 젖었다.

  시원하게 불어오는 초평호의 맑은 바람으로 피로를 씻으며 초평호 주변의 아름다운 경관을 감상했다. 다시 농다리를 건너 시원하게 흘러내리는 농암정 아래 생거진천의 인공 폭포수를 바라보며 냉수를 마셔도, 마셔도 해소되지 않는 갈증을 시원한 막걸리 한 잔과 부추전 한 장으로 시원하게 해소했다.

(2015년 8월 15일 광복 70주년일)

나눔

　나눔이란 주제의 글은 나에게는 참 어려운 주제의 글인 것 같다. 바쁜 일상에 허덕이다 보니 몸으로 나눌 수 있는 봉사 같은 것은 꿈도 꿀 수 없는 일이고, 그리고 나에게는 봉사란 특별한 사람만 하는 것으로 느껴지기도 한다. 봉사라고 할 수 있다면 기껏해야 내가 다니고 있는 절의 법당 청소해 본 경험밖에 없으니, 그것도 자진해서가 아니라 순번에 의해 내가 당번이 되어서야 말이다. 봉사라는 기쁜 의미를 제대로 인식할 수 있는 때가 많지 않다.

　고민 끝에 나는 과연 어떤 나눔을 가질 수 있는지? 생각해 보게 되었다. 꼭 어디를 나가서 해야만 봉사이고 나눔인가? 어느 분야건 내가 잘할 수 있는 곳에서 내가 잘 아는 것으로 나눌 수 있다는 생각이 들었다. 모르는 이들에게 지식을 알려 주는 것도 봉사이고, 나눔이 아닌가 생각하게 되었다.

그리하여 내가 전문 지식을 가지고 밥벌이를 하고 있는 이 분야에서 나눌 수 있는 일이 무엇인가 생각해 보게 되었다. 부동산법, 일반 상식이 아닌 특수 분야의 법이기 때문에 일반인들은 잘 모르는 상식, 법이 많이 있다. 이 분야에서 내가 전문인으로서 잘 모르는 어르신들이나 일반인들한테 잘 설명해 주고 이해시켜 주고 상담해 주는 것도 이 또한 봉사가 아니겠는가? 라는 생각이 들었다.

얼마 전에는 이런 일이 있었다. 조선족에게 원룸 하나를 얻어주게 되었는데 우리나라에 체류한 지가 좀 되었지만, 아직까지 우리나라 말이 미숙하고 금융 일을 볼 수 없었으며 공과금 같은 것을 내는 법을 전혀 모르고 있었다. 여러 번 은행에 같이 가서 알려 주었지만 잘못할까 봐 두려워서인지 잘하지 못했으며 본인 통장을 사용할 수 없어서 자동 납부 같은 것은 할 수 없었다. 그래서 매달 나오는 공과금을 우리 사무실로 가져와서 나한테 내달라고 한다. 매달 내는 월세 또한 마찬가지로 가져와서 주인한테 보내달라고 했다. 일이 바쁠 때는 좀 귀찮고 짜증스러울 때도 있지만, 이 또한 봉사가 아니겠는가 싶어 마음을 고쳐먹기로 하고 즐거운 마음으로 공과금을 매달 납부해 주고 월세까지 매달 보내주는 일을 맡아 하고 있다. 그러다 보니 나를 믿어서인지 몇백만 원씩 돈을 맡겨 놓기도 한다. 남이 나를 믿어준다는 것 또한 참으로 기분 좋고 고마운 일인 것 같다.

시간을 내서 어느 봉사 단체에 가입하거나, 봉사 단체와 같이 어느 곳을 가서 봉사하는 것이 아니라 내 사무실에서 내 일을 하면서 다른 사람이 잘할 수 없고 잘 모르는 일을 대신해 준다는 것 또한 봉사가 아니겠는가! 이런 작은 일이나마 하고 있다는 것 또한 참 나눔이라는 생각이 들어 흐뭇한 마음이 들었다.

시의 향기 찾으러 가요

장맛비는 새벽부터 주룩주룩, 걱정이 가슴을 때려 잠을 이루지 못하고 새벽을 맞이한다. 동이 트기 시작하니 하늘도 우리의 아름다운 여행의 목적을 아는지 쏟아지던 빗줄기는 점점 약해지고 가느다란 빗방울만 몇 방울씩 뿌렸다.

9명의 낚시꾼은 시라는 대어를 낚기 위해 전세버스에 미지의 세계에 꿈을 품고 몸을 실었다. 걱정 반, 희망 반 얼굴엔 미소와 걱정이 자리다툼을 하고 있는데, 걱정이 영역에서 밀려 낭떠러지로 떨어지기 시작하고 미소의 밝은 태양은 희망으로 대지 위에 살포시 자리를 한다. 모내기가 끝나고 튼실한 뿌리를 내린 7월, 끝없이 펼쳐진 평야의 풍성함은 허전한 배를 불러오게 만들었다.

우리 문학인들의 아름다운 추억을 실은 버스는 희망의 목적지로 쉼없이 달리고 달려 드디어 「모란이 피기까지는」의 영랑 선생의 생가 앞에 다다랐다. 단발머리 어린 시절 하얀 박꽃이 미소 짓던 초가지붕이 반갑게 우리 일행을 맞아 주었다.

　명당 터 유명하신 분들의 생가를 가보면 늘 느끼는 것이지만, 한결같이 풍수지리상 명당 터인 것이다. 풍수에서 말하는 좌청룡 우백호가 잘 자리한 생가 뒤에는 대나무가 풍성하게 숲을 이뤄 마음이 안정되고 방 안에 앉아 마당을 바라보면 저절로 가슴에서 시 한 수가 흘러나옴 직한 명당 집터.

　나무 마루에 우리 일행은 줄을 지어 걸쳐 앉았다. 잠시 후 해설사의 명해설이 시작되었다. 눈썹 하나 깜빡이지 않고 귀를 쫑긋 세워 명강의를 들었다. 영랑 시인의 시는 70%가 이 집 안에서 나왔다는 해설사의 말을 듣고 집안을 둘러보니 정말 그럴만한 것이었다. 집안의 모든 배경이 그림같이 잘 배치되어 있었다.

　마당 한쪽 우물, 시원한 물 한 바가지 퍼 올려 흐르는 땀 식혔을, 돌로 쌓아 올린 우물, 「오매 단풍 들것네」무대가 된 장광, 마당 가운데 풍성하게 어우러진 '삼백예순날 하냥 섭섭해 우옵내다' 영랑의 대표작이 된 모란꽃. 꽃은 지고 열매 맺은 잎만 풍성하게 마당을 지키고 있었다. 정원이 잘 가꾸어진 안채에는 공연을 해도 좋음 직한 배경을 갖추고 있었다.

　'영랑 선생님은 성악 공부를 원하셨다고 한다. 하지만 완고한 아버지 때문에 원하던 성악 공부를 하지 못하였다고 한다. 그렇지만 한양에 있는 성악 하는 사람을 불러다가 자주 연회를 베풀었고, 모든 악기를 구비하고 있어 공연에 참여하는 공연진들은 악기를 가져오지 않아도 공연하는 데 어려움이 없을 정도로 악기가 구비되어 있었다.'고 한다.

　'영랑 생가는 복원된 게 아니고 그대로 부분 수리되었다는 점에서

문화재로서의 가치가 높다고 평가되고 있다고 한다.' 아버지가 5,000 마지기 논을 가진 지주로서 넓은 집터를 가지고 있었으며 크나큰 헛간채에도 직접 농사에 사용되었던 탈곡기, 디딜방아, 멍석, 쟁기 등이 잘 정돈되어 있었다.

초혼은 14살 어린 나이에 첫 번째 결혼을 하였지만 1년 만에 부인이 죽고 시인 최승일의 누이동생과 사랑에 빠지게 되었는데, 아버지의 반대로 사랑의 결실을 보지 못하여 생가 뒤 나무숲에서 목을 매어 자살하려는 소동까지 벌이게 되었다고 한다.

영랑 생가에서의 대나무 숲에서의 운치를 만끽하며 만개한 모란꽃을 보지 못한 아쉬움을 뒤로하고 바로 옆에 자리한 시의 향기를 머금은 '시문학파기념관', 전국 최고를 자랑하는 유파 전체를 한자리에서 볼 수 있는 기념관, 자작나무와 함께 시문학파가 탄생하기까지 탄생 배경, 시문학파의 의의, 시 세계를 한 눈으로 둘러볼 수 있는 곳이다. 시간 관계상 한 바퀴 빙 돌아보는 정도였지만 시문학에 푹 빠지기에, 충분한 곳이었다고 생각되었다.

어느덧 점심시간이 되었다. 배꼽시계는 잊지 않고 종을 울려댔다. 예약해 놓은 강진읍 소재 '동해회관'에서 팔딱팔딱 튀어 다닌다는 짱뚱어탕으로 배꼽시계를 잠재웠다.

우리들은 서둘러 다음 목적지인 다산 정약용 유배지 다산초당으로 향했다. 차창 밖으로 보이는 우거진 푸른 산 숲을 보면서 5억 원의 보상금이 걸린 구원과 유병언이 이곳에 숨어있을지도 모르니 우리 유병언이나 잡으러 갑시다! 하는 회원의 농담에 버스 안은 화기애애한 분위기가 되었다.

드디어 다산 정약용의 초당에 도착했다. 초당 올라가는 입구에는 전 강진 군수 윤동환 선생님의 다산학 강의가 시작되었다. 땀에 전 개

량 한복을 입고 있는 선생님은 검소해서인지 시간이 없어서인지 주머니 부분이 다 낡아서 찢겨 있었다. 개량 한복 한 벌 선물해 드리고 싶은 마음마저 들었다. 어찌나 강의도 잘하시는지 고개 한번 돌리지 않고 들은 것 같다. 감명 깊은 말씀은 '첫 번째 동트기 전에 일어나라. 두 번째 기록하기를 좋아해라' 두 마디였다. (다산 정약용의 말씀) 참 많은 뜻이 담겨 있는 글이라는 생각이 가슴을 뭉클하게 만들었다. 나는 과연 내 후손들에게 무엇을 남겨줄 것인가를 다시 한번 생각하며 다산 초당으로 발걸음을 향했다.

어려서 보았던 정성스레 쌓아 놓은 반지르르한 돌담을 바라보며 유년의 추억에 젖는데, 돌담 위에 살포시 올라앉아 활짝 핀 한 무더기의 보라색 수국꽃을 바라보며 천하지 않은 화려함에 감탄했다. 18년 동안 유배 생활을 했다는 초당 올라가는 길, 나무뿌리가 길 위로 올라와 절묘하게 엉키어 흙이 흘러 내려오지 않게 계단식을 이루고 있었다. 걱정스레 길옆 나무를 바라보니 생육에는 지장이 없는 것 같았다. 등줄기로 땀이 조금 흘러내릴 즈음 초당에 올랐다.

전남 강진군 도암면 만덕리 339-1번지에 소재한 초당은 정면 5칸 측면 2칸으로 조선 후기의 주택 사적 제107호(1963년 1월 21일)로 지정되었다. 초당 마루 끝에는 인생의 허무를 느낀 어느 한 분이 인생무상을 중얼거리고 앉아 있는 모습이 이색적이었다. 초당 앞에는 다산 정약용님이 직접 앉아서 산 아래 전경을 바라다보았다는 찻상 같은 넓은 바위가 놓여 있었고 초당 옆에는 다산이 직접 잉어를 길렀다는 연못도 아직 훼손되지 않고 잘 보존되어 있었다.

초당 옆길을 조금 돌아가니 천일각이란 정자가 절묘한 조망을 바라볼 수 있는 곳에 자리하고 있었다. 우리 일행은 모두 신발을 벗어 놓고 마루에 올라 강진만 조망을 바라보며 이런 경치 좋은 곳에서 유배 생활을 했을 다산 정약용님이 외롭지만은 않았으리라는 생각이 들었다.

회원들과 이런저런 이야기로 꽃을 피우다 다음 목적지를 향해 발걸음을 재촉했다. 다음 답사 예정지는 '고려청자박물관'이었다. 짱뚱어가 뛰어다니는 갯벌을 안고 버스는 '고려청자박물관'에 도착했다. 청자 문화가 찬란하게 꽃피우는 고려청자 문화의 보고 강진은 해상 교통이 발달하여 중국의 청자 기술이 쉽게 유입되었고, 다른 지역에 비해 대토, 연료, 기후 등 청자 제작 여건이 적합하여 청자 문화가 찬란하게 꽃피울 수 있었다고 한다.

1997년에 개관한 강진 '고려청자박물관'은 우리나라 청자 문화의 역사적 변천 과정을 체계적으로 전시하여 누구나 쉽게 이해할 수 있는 교육의 장으로 활용하며 고려청자의 수집, 전시, 연구, 교육 등의 사업과 국보급 청자 재현 및 판매 등을 추진하고 있다고 한다.

그동안 말로만 듣고 책에서만 보았던 고려청자를 직접 보고 만져보고 감상하고 고려 장인들의 숨결과 예술혼을 만끽할 수 있어서 살아 있는 행복감에 젖을 수 있어 감사했고 시간이 나면 온 가족이 함께 와서 직접 체험하고 감상하고 마음속에 담아둘 수 있는 청자 몇 점을 우리집 거실로 옮겨 놓을 수 있으면 좋겠다고 희망을 품어 보았다.

계족산성 산행

　가기 싫다는 남편 꼬드겨 점심밥을 성급히 먹고 과일, 물 등 산행에 필요한 물품을 챙겨 길을 나섰다. 삼복더위 불볕이라 땀으로 샤워하며 살갗이 다 탈 지경인데, 건강은 모두 모두 잘 챙겨 너도나도 앞다투어 계족산 정상을 향한다.
　미리 열람해 놓은 코스 잘못 갈까 두려워 손에 들고 비래사, 절고개, 성재산, 계족산성 외우고 또 외우면서 발걸음을 재촉한다. 땀으로 온몸이 범벅이 되었을 즈음 약수터가 나왔다. 조롱 바가지로 시원한 물 한 바가지 마시고 흐르는 물에 손수건을 적셔 목에 둘렀다. 잠시 시원함에 천국인가 싶더니 울퉁불퉁 꼬불꼬불 산길을 오르니 천국은 남의 나라 이야기다.
　고행 끝에 겨우겨우 정상에 올랐다. 잠시 의자에서 휴식을 취하고 산성을 향해 계단을 올랐다. 경사진 산길을 얼마나 올랐을까. 갈림길에 들어서니 나무로 세워 놓은 이정표가 우리를 맞이했다. 구세주를 만난 듯 눈이 반가워 미소 지었다. 이정표가 가리키는 방향으로 능선 따라 좀 올라가니 하늘을 찌를 듯이 SK 기지국이 세워져 있었다. 기지국 둘레를 이리저리 둘러보고 비 맞은 풀잎을 헤치며 끝이 보일 것 같지 않은 좁은 산등성이 길을 걸어갔다.

　나무와 식물에 관심이 많은 남편은 좁은 길을 가면서도 이것은 무슨 나무며, 이것은 무슨 꽃이며, 이것은 언제 피고, 이 꽃은 언제 진다. 그동안에 알고 있던 모든 상식을 총동원하는지 아는 것이 꽤 많은 듯한참 동안 열정을 다해 설명하였다.

　그러더니 산에 오르면 흔히 볼 수 있는 싸리나무를 보더니 "아~~~ 요것이 우리 사람한테 만병통치라네. 이렇게 좋은 것이 산에 지천으로 많이 있으니 우리나라는 참 복 많은 나라여! 한줄기 꺾어 가야겠구먼." 하면서 한줄기 꺾어 코에 대주는데 향긋한 향이 지친 몸을 가볍게 만드는 느낌이었다.

　이런저런 이야기를 하면서 얼마를 걸었을까. 목이 마르고 등줄기로 흘러내리는 땀방울은 속옷을 흠뻑 적시었다. 순간 드디어 하늘을 찌를 듯한 나뭇가지 사이로 살짝 산성이 고개를 내밀었다.

　나도 모르게 소리를 질렀다. "야~~~산성이다." 환호성을 쳤다. 경사가 좀 급한 산길을 조심스레 올라 성벽 주위를 좀 돌다가 남문을 통해 산성 안으로 들어갔다. 탄성이 쏟아져 나왔다. 이 높은 곳까지 어디에서 돌을 가져다 저렇게 반듯하게 성을 쌓았는지. 저런 반듯한 돌은 도대체 어디에서 어떤 방식으로 이곳까지 가지고 왔는지 의문을 던지며, 혼자 중얼거리면서 성안으로 들어갔다.

　그동안 드라마나 책의 그림에서 '성'이란 것을 보았지, 이렇게 '성'이란 곳에 들어와 보기는 처음이다. '성'이란 것이 이렇게 생겼구나!!!

이 산성을 쌓은 우리 조상님들의 노고에 진심으로 숙연해져 성안을 둘러보았다. 성안에는 성 보수공사가 진행되고 있었다. 여기저기 공사 안내 표지판이 설치되어 있었고, 산성 안에는 팽나무가 많이 심겨 있었으며 잘 관리되어 있었다.

정상에 봉수대란 비가 세워져 있는데 이 봉수란 밤에는 횃불(봉), 낮에는 연기(수)로 변방의 긴급한 군사정보를 중앙에 전달하는 군사 통신 제도라고 한다. 우리나라의 봉수제가 군사적 목적으로 시행된 것은 삼국시대지만 봉수 제도가 확립된 것은 고려 시대라고 한다.

우리들은 정상에서 내려다보이는 산 아래의 아름다운 전경을 바라보며 이 높은 곳까지 적군이 어떻게 쳐들어왔을까? 우리 군인들이 얼마나 힘들었을까? 이런저런 의아함을 감추지 못하며 시원한 팽나무 그늘에 사방팔방으로 펼쳐진 마을 아래의 전경을 가슴으로 느끼며 돌 의자에 앉아 가지고 간 천도복숭아를 깎아 먹으면서 나무 위에서 노래하는 매미의 울음소리를 자장가로 남편은 잠시 허리를 폈다.

이름 모를 잡초, 산꽃, 칡넝쿨 위로 고추잠자리가 비행하고 불어오는 바람은 끈적이던 땀을 먼 곳으로 날려 보냈다. 좀 휴식을 취하고 나서 죽 펼쳐진 산성 위에서 다양한 포즈로 사진 몇 장면을 남기고 평편한 성 위를 걸으며 엄청난 규모의 성을 쌓았을 그때의 우리 조상님들의 노고에 숙연해졌다. 성 아랫마을을 내려다보면서 이런 청정한 곳에서 살고 있는 사람들의 행복한 삶을 부러워하면서 이곳저곳을 차례로 둘러보았다.

궁금하던 곳, 가보고 싶었던 곳, 관심 있었던 곳에 간 기쁨과 희열은 가본 사람만이 알 것이다. 가고 싶었던 곳을 가보아서인지 늘 아프던 한쪽 다리가 많은 시간을 산행했는데도 아프지 않은 것은 참으로 신기한 일이었다. 발걸음이 가벼웠다. 행복한 산행을 마치고 내려오는 길, 남편은 싸리나무 몇 가지를 더 꺾어 가지고 와 집 안에 걸어놓으니 향긋한 향이 온 집안에 퍼져 그날의 그 풍경을 상기시켜 주었다.

(2013년 7월 28일)

미당시문학관 기행

2013년 4월 20일.

떵동 딩동…

아침을 깨우는 전화벨 소리가 귓전을 때렸다. 놀라 허겁지겁 달려 나와 눈꺼풀이 채 떨어지지도 않은 모습으로 통화 버튼을 우측으로 그었다.

"비가 오는데 문학기행 그래도 가요?"

배정태 선생님의 걱정스러운 말씀이었다. 떨어지지도 않는 눈을 반쯤 감고

"네! 비가 와요?"

한 손으론 전화기를 귀에 대고 한 손으로 창문을 열어 밖을 보니 정말로 비가 내리고 있었다. 간밤에 늦게 잠에 들어서 세상모르고 자고 있었는데 큰일이었다.

문학기행 출발하기로 한 시간이 얼마 남지 않은 것이었다. 초스피드로 세수를 하고 머리 감고 여행 준비를 하였다. 한편으론, 걱정을 앞에 놓고 모처럼의 문학기행인데 이런 날씨를 만들어 주신다니 하나님께서도 무정하시지! 어찌되었든 계획한 일정이니 바꿀 수는 없고 계획대로 출발하기로 정하고 모임 장소인 문화원으로 향하였다. 우리 일행을 오늘 하루 책임지고 가이드해 주실 봉고 버스 기사님은 차를 대기시켜 놓고 기다리고 계셨다. 모두 함께하기로 한 회원님들은 시간을 지켜오셨다.

드디어 걱정스러운 문학기행 일정은 출발을 시작했다. 4월하고도 중순을 넘겼는데 내리던 빗줄기는 새하얀 눈으로 바뀌었다. 순식간에 나무와 산에는 새하얀 눈이 쌓이고 달리는 도로 위에도 쌓여 우리 일행을 걱정의 도가니로 몰아넣었다. 잠시 휴게소에 들러 화장실로 향하니 이런 날씨에도 어디서들 이렇게 많이 여행을 오셨는지 그야말로 화장실은 사람들로 북새통을 이루었다. 우리는 줄을 서서 한참 동안 기다려야 했다.

걱정스러운 마음과 함께 도로 위를 달려 드디어 미당 서정주님의 문학관에 도착하게 되었다. 억수같이 퍼부었던 눈은 가는 빗줄기로 바뀌었다. 가슴 설레던 서정주님의 문학관….

문학관은 외관이 이색적이었다. 전북 고창군 부안면 선운리 231번지 소재 선운초등학교 봉암분교를 새롭게 단장하여 친환경과 배움의 건축미학을 지향하며 임의 유품 5천여 점을 보관 전시하며 임의 사진과 시화를 전시하였다. 서정주님의 사후 다음 해인 2001년 개관하였다고 한다.

부푼 가슴으로 문학관 안으로 들어서자 안내하시는 분이 반갑게 우리 일행을 맞이하여 주셨다.

유년 시절「국화 옆에서」란 시 제목만 알고 누가 썼는지도 모르면서 그저 파란 가을 하늘 국화만 보면 신이 나서 흥얼거리던 그 주인공의 문학관이란 생각을 하니 더욱 가슴이 벅차올랐다.

우리들을 안내하시는 분의 지시를 받으며 서정주님의 생을, 영상을 통해 보기도 하고 벽에 전시된 시화와 사진, 유품들을 차례로 관람하니 서정주님이 어떤 모습으로 살아오셨는지 연상할 수 있었다. 임의 체취에 흠뻑 빠져 장시간 임과 무언의 대화를 나누고 우리들은 1층으로 내려와 임의 시화가 눈을 크게 뜨고 바라보는 의자에 앉아 잠시 임의 책 읽는 모습으로 사진 한 장면을 카메라에 담았다.

문학관 바로 옆에는 임의 생가가 자리하고 있었다. 잘 관리된 초가지붕, 임이 사용하였을 법한 우물, 새까맣게 그을린 아궁이 옆에는 크나큰 항아리와 대소쿠리, 싸리나무 빗자루가 널브러져 있었.

황토벽 아래에는 단풍잎을 배경으로 한 임의 푸르른 날의 시화가 빛을 발하며 눈길을 끌었다.

눈이 부시게 푸르른 날은/ 그리운 사람을 그리워 하자/ 저기 저기 저 가을 꽃자리/ 초록이 지쳐 단풍드는데// 눈이 내리면 어이하리야/ 봄이 또 오면 어이하리야/ 내가 죽고서 네가 산다면/ 네가 죽고서 내가 산다면// 눈이 부시게 푸르른 날은/ 그리운 사람을 그리워하자//

서정주님의 체취에서 벗어나 우리 일행은 빼어난 자연경관과 소중한 불교 유산들을 지니고 있는 대한불교조계종 제24교구 본사인 선운사 관람으로 목적지를 정했다. 봄비치고는 좀 많이 내리고 있는데, 그래도 관람객들은 우비와 우산을 받쳐 들고 선운사 올라가는 길을 걸었다. 길 주변에는 상인들이 관광객들을 부르고 있었다. 김이 모락모락 나는 노란, 먹음직스러운 옥수수를 문희순 회장님이 사 오셔서 맛있게 먹으며 길을 따라 올라갔다.

선운사 올라가는 길가 옆 숲에는 잎과 꽃이 따로따로 펴 서로 그리워한다는 상사화 군락지가 지천으로 깔려 있었다. 회원들과 이런저런 이야기를 하며 걷다 보니 어느 사이 선운사에 도달했다.

검단 스님이 사찰을 창건했다는 설화가 전해지고 있는 선운사는 전북 고창군 아산면 삼인리 도솔산에 자리한 대한불교조계종 제24교구 본사이다. 선운사 마당 안에 들어서니 석가탄신일이 얼마 남지 않아서인지 나무에는 연등이 아름답게 걸려 너울너울 춤추고 있었고 처형 스님이 직접 주조하고 감독했다는 선운사 범종은 전라북도 유형문화유산 제31호 전체 높이 129㎝ 지름 93㎝인 조선 후기의 대형 범종이다. 난 법당에 들러 부처님께 공손히 참배하고 이렇게 건강하게 살아 이런 좋은 곳에 올 수 있음에 감사했다.

선운사 관람을 마치고 내려오는 길, 비가 온 탓인지 싸늘한 날씨에 몸을 떨고 있다가 점심 순두부 백반으로 서늘하던 몸을 녹이고 청보리밭 축제지로 향하였다.

보리밭 축제 현장에는 많은 자동차가 주차되어 있었고 봄비는 솔솔 내리고 싸늘한 날씨인데도 사람들은 나와 축제를 즐겼다. 우리는 활짝 핀 유채밭에서 포즈를 취하며 사진 몇 장을 남기고 끝도 보이지 않는 시원하게 펼쳐진 청보리밭을 카메라에 담으며 즐겁고 뜻있는 문학기행을 마치고 원점으로 자동차 앞바퀴를 돌렸다.

친정아버지 기제일

음력 2월 23일 친정아버지 기제 일이다.

볼 수도 만질 수도 없는 그 먼 곳으로 떠나신 지도 어언 43년이란 세월이 흘러갔다.

하늘이 무너지던 그날, 겨울을 막 벗어난 봄 햇살은 머리 위를 따스하게 내리쬐었지만, 아버지를 여의던 열여섯 단발머리 어린 소녀의 가슴은 한겨울 꽁꽁 얼어붙은 강바람보다도 차가웠다.

어린 내게 특별하고, 유난하게도 크나큰 사랑을 베풀어 주시던 아버지! 육 남매의 맏딸인 나에게는 위로 오빠가 있지만, 오빠에게는 주시지 않은 특별하고도 유난한 사랑으로 나를 감싸 안아 주시던 아버지이셨다.

어쩌다 오빠와 싸우는 날에는, 오빠는 크나큰 꾸지람과 매를 맞아야 했다.

얼마나 나를 아끼셨는지 돌아가시는 순간까지 내 이름을 부르셨다고 하신다.

그렇게 끝없는 사랑으로 나를 아껴주시던 아버지의 기제 일인데, 요즘 세대, 시대에 따라 집안 제사를 한꺼번에 모아서 지낸다고 하여 정작 돌아가신 날에는 아무것도 하지 않는 것이 너무나도 서운하여 생각 끝에 저녁 불사에 참석하게 되었다.

나를 그리도 사랑해 주시던 아버지이신데, 내가 무지해서인지, 사는 것이 힘들어서인지, 돌아가신 아버지를 위해 한 번이라도 기제일 불공을 해 본 적이 없었다.

기제 일이 돌아오면 오빠네 집에서 제사상 그득 음식을 차려놓고 자손들이 모여 절을 올리지만 항상 무엇인지 모르게 부족하다는 느낌이 들었었다.

그런데, 오늘 기제일 저녁 불사에 참석하게 되어, 정사님께서 나의 강도 부를 읽어 주시고 교전 추복불사를 읽어 주시는데 다른 때에는 아무런 감정 없이 따라 읽어 내려가던 구절구절이 오늘따라 왜 그리 서글퍼지는지 눈시울이 뜨거워져 목울대가 울컥 소리를 냈다.

아버님께서 추선, 추복되시기를 서원하며 한 시간 불사에 참석했는데 답답하던 가슴이 확 트이는 것 같고, 무엇인지 모르지만 하지 못한 숙제를 한 것 같은 기분이 들었다.

앞으론 매년 아버지의 기제 일이 되면 어떠한 바쁜 일이 있더라도 기제일 추복불사를 꼭 하리라는 마음으로 심인당 문을 나섰다.

사랑하는 아들에게

　천지를 울리는 울음소리, 찬란한 빛으로 하늘을 덮으며 나를 향해 쫓아오던 화려한 용의 그 모습이 아직도 생생하게 그려지는 늦둥이 막내아들 너의 태몽이란다. 딸만 내리 셋을 낳고 아들을 얻은 그 기쁨을 어찌 말로 다 표현할 수 있을까?
　그렇게 너는 엄마, 아빠의 크나큰 사랑과 축복 속에 태어났지. 태어나서 많이 다치고 열이 나고 아파서 엄마, 아빠의 애간장을 다 녹였지만, 너를 낳은 엄마는 이 세상에서 가장 행복한 사람이 되었고, 우리집은 누구나 부러워하는 가장 행복한 가정이 되었단다.
　그렇게 너는 우리 집안의 모든 행복을 가져오는 아이로 태어나 오늘날까지 엄마, 아빠의 기대에 어긋나지 않는 효자 아들로 성장해 주어서 참으로 고맙고 대견하구나! 네가 아장아장 첫걸음마를 떼었을 때 그 예쁜 모습을 무엇에다 비교할까? 이 세상에 그 무엇에도 비교할 수 없는 나의 천사! 이 세상에 나의 아들로 와 주어서 참으로 고맙고 감사하구나! 사랑하는 나의 아들 한 구 필….

이 엄마는 우리 아들 초등학교 입학식 하는 날, 그 대견하고 애어른 같던 그 모습… 아들이 엄마한테 하던 말 하나하나 아직도 잊혀지지가 않는구나!

중학교 교복 입었을 때의 그 감격스러움, 명문고에 합격함을 인터넷에서 확인하던 그 충격적인 감격, 환호성을 쳤던 순간 하나하나가 너무나 소중하고 감격스러운 순간들이었지!

명문고를 우수하게 마치고 부산 해양대학을 선택했을 때 엄마는 너와 떨어져 있어야 하는 일에 많은 생각에 잠기고 미지에서의 대학 생활을 잘할 수 있을런지 두려움에 밤잠을 설치기도 했지!

다행히 타지에서의 생활을 어느 정도 적응하는가 싶더니 군 영장을 받게 되었을 때 너무나 걱정스러워 엄마는 어찌할 바를 몰랐다. 더군다나 허리 척추분리증까지 있어 엄마는 부질없는 욕심으로 군에 가지 않는 방법이 있으면 아니 보내고 싶었다. 그러나 내 욕심처럼 되지 않아 살을 깎는 고통으로 너를 입영시켜야 했던 이 엄마의 마음을 우리 아들은 조금이라도 이해할 수 있을까?

그렇게 군 입대를 시켜 놓고 노심초사 안절부절 애태우던 그 시간… 아들은 군에서 훈련하느라 무척이나 힘들었지만, 그 훈련 과정을 상상하는 엄마도 많이 힘들었다. 하지만, 다행히 모든 어려움을 무사히 잘 극복하고 자랑스러운 대한의 해군, 하얀 정복의 병장 계급을 달고 엄마 품에 안긴 오늘 이 편지를 쓰게 되는구나! 정말 자랑스러운 내 아들 대한민국의 군인 해군 병장 만세로구나!!!

이제 군 제대하고, 복학하고, 또 다른 어려움이 많이 있겠지만 우리 아들은 모든 과정을 잘 무사히 이겨내고 이 사회에서 만인이 우러러보는 귀한 인물이 되어, 대한민국을 빛낼 것으로 엄마, 아빠는 굳게 믿는다. 아니 꼭 그럴 것이다!!

　옛 어른들의 말씀에 될 나무는 떡잎부터 다르다고 했다. 우리 아들은 태어나서 지금까지 남의 눈에 어긋나는 행동은 한 번도 해 본 적이 없는 모범생이었지!

　미루어 짐작하건대 우리 아들은 분명 귀한 인물이 되어 만인이 우러러보는 대한민국을 빛내는 귀한 사람이 될 것이다. 우리 아들 만세!!! 대한민국 만세로구나!!

　　　　　　　　(2012년 9월 7일 아들을 가장 사랑하는 엄마가)

유년으로의 여행

서울 여동생한테 전화가 왔다.
"언니 이번 일요일에 약속 정해진 것 있어요."
"왜? 무슨 일 있니?"
"아니, 약속 없으면 나 대청댐 한 바퀴 돌아보려고 하는데 같이 갔으면 해서요."
"왜?"
"뉴스를 보니 날씨가 너무 가물어서 물이 말라 옛날 수몰되기 전에 있던 모습, 동네가 고스란히 드러나서 수몰되기 전의 모습을 상상할 수 있다네요. 백 년만의 가뭄이라는데, 우리 생전에 또 이런 가뭄이 와서도 안 되겠고 또 올는지도 모르니, 옛날을 더듬어, 한번 돌아보기로 해요."
"응. 그래 그럼, 그렇게 해보자."

동생과 약속을 했다. 우리의 고향은 지금의 대청댐 수몰 지역이다. 아련한 추억으로만 남아있는 고향, 가고 싶어도 갈 수 없는 곳, 물고기의 무도장이 되어버린 곳.

우리의 유년을 한입에 꿀꺼덕 삼켜버리고 천연덕스레 파란 미소 짓는 곳, 그곳을 보고 싶어 막내 남동생이 일일 운전기사를 하기로 하고 막내 올케와 여동생, 우리 부부 이렇게 일일 여행을 떠났다.

먼저 어릴 때 살던 고향집이 있었던 곳부터 가보기로 하고, 칠월의 첫날 녹음이 짙은 가로수의 맑은 산소를 마시며 바람 같은 속도로 달려 도착하니, 유년의 추억이 고스란히 담겨있는 초가는 물속에 흔적도 없이 사라지고, 대충 가늠하여 이곳이었을 것으로 화제를 모으며 밤이면 무섭게 울어대던 앞산 부엉이를 화제 삼아 이야기하면서 동네 모든 사람들의 모임, 행사 장소였던 뒷날망에 올랐다. 정월 대보름날이면 이곳에서 홰를 만들어 돌리며 횃불싸움(정월대보름에 하는 민속놀이)을 하던, 이쪽 동네 저쪽 동네 편 가르며 싸움하던 오빠들이 눈앞에 아른거렸다.

물이 많이 빠져 벽돌로 쌓았던 건물 상단이 고스란히 드러나 마을이 있었다는 것이 확연히 드러나 보였으며, 집 주변에 빙 둘러쳐져 있던 돌담이 그대로 내려앉아 한 집 한 집 집터였음을 알 수 있었다. 우리들은 저곳은 누구네 집이었으며, 저기쯤은 누구네 집이었으며, 서로서로 생각나는 것들을 이야기하며 40여 년 지난 이야기를 마치 얼마 전에 있었던 일들처럼 이야기하면서 웃음꽃을 피웠다.

꿈속에서나 볼 수 있는 곳, 검정 고무신 신고 종종걸음으로 다니던 초등학교 이야기를 하면서 너무나 어려워 학교를 많이 가지 못하고 부모님의 밭일을 도와야 했던, 힘들었던 이야기를 하면서 그 밭에 지금은 누가 무엇을 농사지으며 살고 있는지 궁금해하기도 하며, 서로의 유년을 회상하며 이야기했다.

충북 회남교라는 곳을 건너며 옛날에는 이곳에 다리가 없었고 배가 버스를 싣고 이쪽에서 저쪽을 오가며 다리 역할을 했다는 이야기를 신기하다는 듯 이야기하며, 이 다리가 놓여 너무나 편리하게 오갈 수 있어 문명의 편리함에 고마움을 느낀다고 이야기를 하면서 옛날을 회상했다.

회남교 건너 대청 호수 주변 길은 유난히 꼬불꼬불했다. 운전하면서 이것저것 설명해 주는 막냇동생이 좀 불안해 보였는지, 서울 사는 여동생이

"말 좀 조금 하고 운전 잘해"

하자 막냇동생은

"누나 걱정 마세요. 내 운전 솜씨를 모르시나 보네요. 내가 고속도로 운전하면서 나무 밑에 숨어 있는 꿩의 눈깔도 보는 사람이에요. 그러니 걱정하지 마세요."

하자 차 안에는 폭소가 쏟아져 나왔다.

우리는 한 번도 가보지 못했던 산길(비포장도로), 어릴 때 덜컹거리며 타보았던 버스가 생각나는 그런 산길로 동생은 올라갔다. 어디를 가냐고 했더니 이곳에 올라가면 경치가 아주 좋은 절경이 있어 구경시켜 주겠다고 했다. 어지럼증을 느낄 정도의 흔들리는 비포장 산길을 올라 산 정상 가까이 다다르니 그야말로 세계 최고를 자랑하는 중국의 명산 장가계를 방불케 하는 대청 호수의 절경이 눈앞에 들어왔다. 우리들은 다 같이 합창이라도 하듯 "야!!!" 하고 환호성을 쳤다.

꼬불꼬불한 산길을 조심스레 내려오고 있는데 산속의 허름한 촌가 몇 채가 보였다.

"아니 이런 깊은 산속에서도 사람이 사는구나! 전쟁 나면 피난처로

쓰면 좋겠는데."

우리들은 한마디씩 말을 던졌다. 어느덧 점심때가 되었는지 배꼽시계가 종소리를 냈다. 막냇동생은 내가 몇 번 가본 식당이 있는데 음식이 먹을 만하다고 하면서 '과수원집'이라는 식당으로 안내했다. 토종닭, 옻백숙, 옻오리 곤드레밥을 주메뉴로 하는 식당에 다다르니 마당에는 경운기 밑으로 토종닭들이 날개를 퍼덕이며 놀고 있었다.

옻백숙을 시키고 곤드레 전을 시키니 수라상 못지않은 상이 차려졌다. 우리 형제들은 오늘의 아름다운 추억을 이야기하며 맛있는 점심 식사를 마치고 육영수 여사님의 생가로 향했다.

먼저 정지용 생가를 들러 대표 시「향수」를 감상하고 사진 몇 장을 남기며 방명록에 서명하고 육영수 여사님의 생가로 향했다.

대문 앞에 다다르니 많은 관광객이 대문으로 드나들고 있었다. 우리 일행도 대문 안으로 들어가 이곳저곳을 구경했다.

육영수 여사님이 출가하기 전에 쓰셨다는 조그만 방 앞에서 발길을 멈추었다. 방 안에는 재봉틀이 놓여 있었고 조그만 앉은뱅이책상 위에는 호롱불이 가물거리는 듯 보였으며 붓 몇 자루가 걸대 위에 가지런히 걸려 있었다. 그 책상 앞에 앉아서 붓글씨를 쓰고 있었을 어여쁜 작은 아씨의 모습이 상상되었다.

연당 사랑 앞 연못의 연꽃들은 터지려는 듯 봉우리를 맺어 하늘 바라보며 연한 미소 지으며 손님을 맞이하고 있었다. 연당 사랑(연못을 바라보며 풍류를 즐기던 곳) 둘레 벽면에는 박정희 대통령께서 쓰신 육영수 여사님이 떠나고 난 뒤 남편 박정희 대통령이 쓴 가슴을 뭉클하게 하는 애절한 여사님에 대한 그리움이 깃든 글들이 전시되어 걸려 있었다.

한 작품을 소개해 보면,

아는지 모르는지/ 비가 와도 바람이 불어도/ 꽃이 피고 꽃이 져도/ 밤이 가고 낮이 와도/ 당신은 아는지 모르는지/ 해가 뜨고 달이 져도/ 여름이 가고 가을이 가도/ 당신은 아는지 모르는지

이외 여러 작품을 감상하고 사진 몇 장을 카메라에 담으며 우리 일행은 생가 대문을 나왔다.

근처 얼마 안 가서 옥천군 동이면 지양리라는 곳에 부모님의 산소가 있다. 서울 동생이 여기까지 왔으니 부모님 산소에 들러보는 것이 좋지 않겠냐고 했다. 우리들은 모두 그게 좋겠다고 하면서 부모님의 산소로 향했다.

산소 올라가는 길은 잡풀이 우거져 있어 손으로 키 큰 풀을 가르며 길을 냈다. 부모님의 산소 주변에는 습한 곳에서 자라는 풀들이 우거져 있었다. 우리 형제들은 잡풀을 뽑으며

"이곳은 습한 곳이니 좋은 곳이 아닌 것 같다."

면서 다른 곳으로 이장을 했으면 좋겠다는 이야기며, 살아생전의 이야기, 우리들의 어릴 적의 이야기 등을 주고받으며, 술 한 잔 부어 올리고 저승에서 편안하시기를 기원하며 절을 올렸다.

산소 앞에 앉아 이런저런 이야기를 하고 있는데, 어디서 날아왔는지 검은 나비 한 쌍과 흰나비 한 쌍이 날아와 우리 형제들의 주위를 빙빙 돌아다니며 날아다녔다. 우리들은 이 나비들이 부모님의 영혼 같다면서 우리들이 온 것을 반기는 것 같다고 이야기를 하면서 산소를 떠나려니 이 나비들이 앞장서서 길을 인도하는 것이었다. 참으로 신기했다.

한참을 앞장서서 날며 인도하는 것처럼 보여 서울 동생이

"아버지, 어머니! 우리 이제 갈 터이니 이제 그만 들어가세요."

했더니 신기하게도 더 이상 가지 않고 머뭇거리며 날고 있었다.
"정말로 부모님의 영혼이었을까?"
의아한 마음으로 우리들은 한마디씩 하면서 산에서 내려왔다.

믿기 어려운 현실들

피곤한 오후 나른한 시간 잠시 사무실 문을 걸어 잠그고 신발을 신은 채로 소파에 쓰러지듯 걸쳐 누웠다.

얼마나 잠에 취해 있었을까. 누군가 사무실 문을 잡아 흔드는 소리에 놀라 일어나 보니 어느 허름한 차림의 모습을 한 노파가 뭉그적거리며 걸어가고 있었다. '아! 그냥 가셨구나!' 혼잣말로 중얼거리며 다시 소파에 누웠는데 얼마나 잠을 잤을까. 아직 일어나고 싶은 생각은 아니었는데 다시 문을 또 잡아 흔드는 소리에 귀찮고 짜증 난 얼굴로 일어나 잠갔던 문을 열며,

"왜 그러시는데 잠겨있는 문을 이렇게 세게 흔드세요?"

하며 퉁명스러운 말을 내뱉었다. 그러자 할머니는

"내가 눈이 없어 이것을 볼 수가 없어서 물어보려고 가져왔으니 좀 봐줘요."

애원하듯 말씀하시며 검정 비닐봉지 안에서 서류 뭉치를 꺼내셨다. 난 너무나 피곤한 몸 상태여서 그냥 가셨으면 했는데, 할머니는 서류를 내미시며

"이것을 꼭 보고 알아볼 것이 있으니 좀 봐줘요."

하셨다.

난 잠시 정신을 차리고 할머니가 내미는 서류봉투를 받아 펴 보니 어른들이 말씀하시는 등기권리증(집문서)이었다. 이 등기권리증이 왜? 어떻게 되었단 말인가?

"할머니! 이것이 왜 어떻게 되었는데요?"

하고 여쭈어보니

"응, 우리 며느리가 혹시 잡혀먹었는지 팔아먹었는지 몰라서 좀 알아보려고, 글쎄 우리 며느리가 집안을 다 뒤집어 놓고 통장도 훔쳐 가고 해서 이것도 어떻게 했는지 걱정이 되어서 왔는데 좀 알아 봐줘요?"

걱정스러운 할머니의 목소리였다. 난 서류봉투를 받아 등기권리증을 자세히 검토해 보고 인터넷등기소로 들어가 자세히 살펴보니 소유권 이전이라든지 저당권 설정이라든지 권리 변동 사항은 없었다. 난 다행이라고 생각하며 우선 할머니를 안심시켜 드렸다.

"할머니, 이 집은 아무런 문제가 없으니 걱정하지 마세요. 잡혀먹지도 않고 팔아먹지도 않았으니 걱정할 것 없어요."

하고 말씀드리니

"정말이여? 아무 이상 없는 겨?"

"예, 걱정 안 하셔도 돼요."

"아이구, 이제는 다리를 펴고 자겠구먼."

하시며 안도의 한숨을 내쉬셨다.

그러시더니 할머니께서는 며느리의 흉을 보기 시작하셨다. 며느리가 들어오기 전에는 아들이 둘도 없는 효자였는데, 며느리가 들어오자 아주 나쁘게 변해서 어머니한테 심하게 욕설을 하고 돈도 주지 않으며 어머니가 갖고 있는 돈이 어디 있는지 그것만 찾아내어 가져가려고 하고, 얼마 전에는 며느리가 자고 있는 할머니한테 수면제 주사를 놓고 집안을 다 뒤져서 통장을 가져가 은행에 가서 돈을 찾으려 했지만, 은행 직원이 본인이 아님을 알아보고 돈을 주지 않아 찾지 못하고, 집에 와서 화풀이로 어머니한테 심한 행패를 부렸다고 하시며 힘든 생활을 하고 계시는 일을 하나하나 끝도 없이 이야기하고 계셨다.

할머니께서는 옛날에 장사도 하시고 일수놀이도 하셔서 돈을 참 많이 버셨다고 하셨다. 그래서 집도 사고 현재 갖고 계신 돈도 일억 이상 있다고 하신다. 며느리와 아들이 잘만 하면 모두 그 돈이 자기네들의 돈이 될 터인데 어머니가 돌아가시기 전에 그 돈을 가져가려고 온갖 나쁜 짓을 밥 먹듯이 하고 있는 그 아들과 며느리는 과연 어떤 심장으로 만들어진 사람일까.

또한 그 며느리는 어떤 교육을 받고 어떤 가정에서 성장해 온 사람일까. 인정할 수 없는 일들이 현재 이 세상에서 일어나고 있다는 것이 참으로 무서운 세상이며, 아들을 가진 엄마로서 소름 끼치도록 무서운 말을 듣고 있는 이 현실을 무어라 말로 표현할 수 있을까!

참으로 안타까운 현실이다. 슬픈 세상이다. 사람이 무서운 세상이다.

불속에 이십삼 년을

벌겋게 타오르는 불속에서 성난 얼굴로 내려다보고 계셨다.

"내 얼마나 힘들어서 만들어 주었는데 고작 이십삼 년이냐, 진품을 사려고 직접 목화솜 공장까지 찾아가 힘들게 해 주었는데 평생 쓸 줄 알았는데 벌써 버리느냐."

원망 섞인 말씀이었다.

이십삼 년 전 활짝 핀 백합처럼 아름다웠던 시절, 따뜻한 온기가 약간은 그리운 십일 월 십팔 일 솜털 같은 눈송이가 드문드문 꽃잎처럼 날리는 이날을 위해, 배 아파 낳아 기른 맏딸 시집보내신다고 여기저기 이것저것 혼수 준비하시느라 분주히 돌아다니시던 어머니의 모습이 눈앞에 선하다.

넉넉지 않은 살림에 혼수 비용 준비하시기가 얼마나 어려우셨을 것인가. 그러나 어머니께서는 온 힘을 다하여 정성 들여 조금이라도 더 잘해 보내기 위해 애쓰셨고 더군다나 맏딸이기에 더욱 신경 쓰시는 모양이었다. '이불 하나라도 제대로 해 준다.' 하시며 시장에서 잘못 사면 솜이 나쁜 것을 산다고 하시면서, 직접 목화솜 공장에 찾아가시어 솜을 사 가지고 오셔서 손수 이불을 만들어 주셨다.

바느질 한 땀 한 땀이 어머니의 혼이 담긴 이불인 것이다. 그동안 이런 이불로 어린 사 남매를 다 덮어서 키웠다. 어머니의 정성이 담긴 이불이어서인지 아이들은 큰 병 없이 잘 자라 주었다. 아기를 낳고 물이 얼 만큼 추운 방안에서 솜이불에만 의지해서 지내던 지난날이 벌겋게 타오르는 불 속에서 영화처럼 스쳐 지나갔다.

경제적 사정이 좋지 않던 그 시절 추운 겨울, 아기를 낳고도 빨아놓은 걸레가 얼어붙을 정도의 추운 방에서 지내야만 했던 때가 있었다. 그때 이 솜이불이 아니었다면 정말로 지내기가 더 힘들었을 것이다.

어머니의 사랑이 담긴 솜이불에 의지해서 지내던 때를 잊어서 이 솜이불을 불 속에 넣는 것이 아니다. 이십삼 년 동안, 이 이불에만 의존해서 사 남매를 키우다 보니 어린아이들이 오줌을 싸서 솜 싼 소창이 누렇게 변질이 되고 솜도 딱딱하게 뭉치고 곰팡내까지 나는 것이다.

이제는 경제적인 여유도 좀 나아져서 전기장판도 있고, 옥 매트도 있고, 기름보일러를 사용하니 방도 그리 춥지 않아 그렇게 두꺼운 이불이 아니어도 따뜻한 잠자리를 취할 수 있는 환경이 되었다.

타오르는 불 속에서 이십삼 년 전 손수 혼수 비용을 준비하시느라 애쓰셨던 어머니의 정성을 생각하니 콧잔등이 시큰해지고 눈시울이 뜨거워졌다. 임의 사랑을 다시 한번 되새기며 타오르는 불 속에 시선을 고정한 채 바람조차도 들을 수 없는 시를 암송했다.

임의 사랑을
예전엔 미처 몰랐어요
그 사랑이 얼마나 깊은 것인지를
당신이 이 세상에 계실 때는
예전엔 미처 몰랐어요
당신의 사랑이
얼마나 넓은 것인지를
알게 될 즈음
당신은 떠나시네요.

   푸르름을 자랑하던 산하, 빨강 노랑 물감 먹고 고운 옷 자랑하는 이 계절 출렁이는 황금빛 들판 허수아비 훠이훠이 목청 돋우고, 흩날리는 바람 한 자락 잡고 떠나고 싶은, 햇님이 잠자리 펴시기 전 이십삼 년의 시간을 고스란히 타오르는 불 속에 떠나보내며 부칠 수 없는 편지를 써 본다. 해가 갈수록 임에 대한 그리움이 더욱 짙어져만 간다고….

회갑연

"여보세요, 반장님 시간 나시면 내일 저녁 식사하러 오세요. 송원 한우촌으로."

"예? 내일 무슨 날인가요?"

"예, 내일 우리 식구 생일인데 가까운 친지만 모여 식사하려 하니 우리 반장님들도 식사 같이했으면 해서요."

"예, 알겠습니다. 내일 뵙겠습니다."

통장님의 두툼한 목소리였다.

우리 반의 반장이 우리 남편이고 보니 통장님께서 부인 생일에 초대하신 것이다. 저녁에 퇴근하신 남편께 통장님의 전화 내용을 이야기하니

"난 내일 출근해야 하니까 당신이 대신 갔다 오라고."

하는 것이었다. 하기야 남편보다 내가 거의 동네 반장 일을 더 많이

하니 내 얼굴이 더 많이 알려져 있었다. 다른 반 반장님들도 다 아는 터라 낯선 장소는 아니었다.

드디어 약속한 점심 식사의 시간은 다가오고, 난 외출 준비에 바빴다. 가게 문을 잠그고 발걸음을 재촉하여 생신 잔치가 열리는 곳으로 갔다. 도착해 보니 벌써 많은 사람이 와 계셨다. 모두 맛있는 식사를 하시며 무슨 이야기인지 재미있는 이야기꽃을 피우고 계시는 모습이었다. 어디로 들어가야 할지 몰라 문 앞에서 조금 서성이니 통장님이 안에서 나오시며 반가이 맞이하여 주셨다.

"어서 들어오세요. 이쪽으로, 이쪽으로 와서 앉으세요."

안내하는 곳으로 가니 모두 낯설지 않은 분들이 앉아 계셨다. 구의원이자 마을금고 이사장님 그리고 각통의 통장님, 각반 반장님 모두 낯익은 얼굴이었다. 반가이 인사를 나누었다.

잠시 후 생일을 맞이하신 주인공이자 통장님의 부인께서 오셨다. 축하드린다고 인사를 하니 고맙다고 하시며 많이 드시라고 하셨다. 아들딸들이 차려놓은 생일 케이크에 점화가 이루어지고, 생일 축하 노래가 시작되고, 많은 사람이 축하 인사를 대신하였다. 잠시 후 노래방 기계에서는 흥겨운 노래가 흘러나오고 많은 사람들은 어깨를 들썩들썩 엉덩이를 이리저리 돌리며 흥에 겨워 이리 뒤뚱 저리 뒤뚱 흥에 겨운 노래와 춤으로 생일 축하 분위기가 무르익었다.

오늘 회갑을 맞이하신 통장님의 부인께서도 축하객들과 아들딸에 묻혀서 흘러나오는 음악에 맞추어 춤을 추었다. 작고 두리뭉실한 몸매에 이마에는 주름살이 골 깊게 파이시고 검은 머리 사이로 희끗희끗 흰머리가 튀어나와 나뒹굴고 있었고 한쪽 다리는 조금씩 절면서 흘러나오는 음악에 맞추어 춤을 추었다.

얼굴에는 미소를 짓고 계셨는데 왠지, 나의 눈에는 그 미소가 미소로 보이지 않았다. 힘들게 살아오신 힘겨운 씁쓸한 인생의 뒷발자국으로 보였다. 이 모습을 보고 있는 나 또한 즐거운 마음이 아니었다. 앞으로 십삼 년 후의 바로 나의 모습이 저런 모습일 거라고 생각하니 얼굴에는 쓸쓸함, 허무함이 바람처럼 스쳐 지나갔다.

하얗게 세어 가는 머리카락을 가려낼 시간의 여유조차 없이 살아가는 힘겹고 바쁜 생활, 이 삶이 바로 나의 삶이다. 아니, 우리 모두의 삶이 아닐까 하는 생각이 들었다. 며느리 노릇, 아내 노릇, 엄마 노릇 어느 사이 삼단 같은 검은 머리는 반백으로 물들어가고 곱던 얼굴 눈가엔 주름살이 하나둘 늘어만 가는 나날들….

살갗에 스치는 실바람에도 가슴이 출렁거리는, 여름내 입었던 푸른 옷, 울긋불긋 단풍 옷으로 갈아입는 이 계절, 부어도 부어도 채워지지 않는 밑 빠진 항아리처럼 채워지지 않는 공허한 가슴만 끌어안는다.

문수전에 오르다
김영숙 지음

발 행 일	2024년 8월 14일
지 은 이	김영숙
발 행 인	李憲錫
발 행 처	오늘의문학사
출판등록	제55호(1993년 6월 23일)
주 소	대전광역시 동구 대전로 867번길 52(한밭오피스텔 401호)
전화번호	(042)624-2980
팩시밀리	(042)628-2983
전자우편	hs2980@hanmail.net
카 페	cafe.daum.net/gljang(문학사랑 글짱들)
인터넷신문	www.k-artnews.kr(한국예술뉴스)
계좌번호	농협 405-02-100848(이헌석 오늘의문학사)

공 급 처	한국출판협동조합
주문전화	(02)716-5616
팩시밀리	(02)716-2999

ISBN 979-11-6493-338-9
값 15,000원

ⓒ 김영숙 2024

* 이 책의 판권은 저작권자와 오늘의문학사에 있습니다.
* 이 책은 E-Book(전자책)으로 제작되어 ㈜교보문고에서 판매합니다.
* 잘못 제작된 책은 구입하신 서점에서 바꾸어 드립니다.